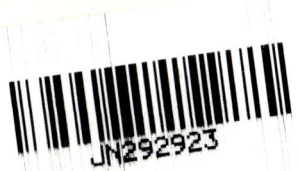

KINZAI バリュー叢書

コーポレート ガバナンス入門

栗原　脩［著］

一般社団法人金融財政事情研究会

■はじめに

コーポレートガバナンスは、旧くて新しい問題であり、繰り返し浮上するテーマである。この言葉が広く用いられるようになったのは比較的最近のことであるが、その問題意識は大企業の生成・発展の歴史にさかのぼる。わが国でも、バブル崩壊以降、コーポレートガバナンスのあり方が強く意識されるようになった。最近では、会社法制の見直しにおける重要なテーマの１つとなっている。

本書は、昨年11月から本年４月まで週刊金融財政事情に18回にわたって「コーポレートガバナンスの潮流」と題して連載した文章を加筆修正したものである。連載の執筆に際しては、なるべく歴史的な経過や問題意識の変遷を織り込むよう努めた。また、第８章「銀行のコーポレートガバナンス」は、昨年９月に週刊金融財政事情に２回にわたり筆名で寄稿した文章を一部修正したものである。本書の構成や論旨は同誌に掲載したものに変わりはないが、項目によっては大幅に加筆した。また、ドイツやイギリスのコーポレートガバナンス・コードの改定状況、わが国における「会社法制の見直しに関する要綱」の答申など、その後の進展を織り込んでいる。

本書は、国際比較の視点に立ちつつ、コーポレートガバナンスのあり方を考察しようというものである。もとよりこのテーマは広汎多岐にわたり、本書で取り上げることができたのはそのわずか一部にすぎない。内容的にも法制面の記述が多くを占めており、他の角度からのアプローチが不足しているといわざるをえない。このように不十分なものであるが、今後のコーポレートガバナンスのあり方を考えるうえで、なんらかの参考になれば幸いである。なお、本書のうち意見にわたる部分は著者の個人的見解であり、著者の所属する法律事務所などの組織とは無関係であることを念のため付言しておきたい。また、本書の性格および紙幅の制約から、参考文献のうち出版社・論文掲載誌の名称・該当頁などを省略したものがあることをお断りしておきたい。

週刊金融財政事情への寄稿に際しては、同誌編集長の谷川治生氏、編集担当の吉田豊氏にいろいろとご配慮をいただいた。あらためて深く感謝の意を表する次第である。

今回、この本にまとめるにあたっては、一般社団法人金融財政事情研究会出版部の加藤一浩部長、伊藤雄介氏に大変お世話になった。この場を借りて厚く御礼申し上げる。

2012年９月

栗原　脩

目　次

序章
はじめに：コーポレートガバナンスの意義

海　外　編

第1章
ドイツのコーポレートガバナンス

第2章

フランスのコーポレートガバナンス

第3章

イギリスのコーポレートガバナンス

第4章 アメリカのコーポレートガバナンス

第5章
独立取締役の役割と取締役会議長・CEOの分離問題

国　内　編

第6章
株式会社の機関

第7章
会社法制部会の中間試案と主要論点の考え方

第8章

銀行のコーポレートガバナンス

第9章

ガバナンス機構見直しの視点

第10章

会社法制の見直しに関する要綱

終章

今後のコーポレートガバナンスへの着眼点

序章 はじめに：コーポレートガバナンスの意義

コーポレートガバナンスは、主としてその株式が広く保有されている株式会社（上場会社など）におけるテーマである。大企業においては「所有と経営の分離」という現実があり、どこまで株主の利益に合致した経営が行われているのかという問題がある。また、株主の利益と株主以外のステークホルダーのそれとをどのように調整していくのかというテーマでもある。わが国では、法制審議会会社法制部会において会社法制の見直しの審議が行われたが、コーポレートガバナンスのあり方が重要なテーマの１つとなった。

(1) 問題意識

コーポレートガバナンスは旧くて新しい問題である。この言葉は1970年代半ば頃まではあまり用いられなかったようであるが、その問題意識は株式会社の生成・発展の時期にさかのぼる。「コーポレートガバナンスは、その名称で認識されるかどうかはともかくとして、大企業と同じ歴史の長さをもつテーマであるといってよいであろう。」といわれる（P. Davies / S. Worthington, Gower and Davies' Principles of Modern Company Law（9th edition, 2012）p.377）。

アダム・スミスは、『国富論』（1776年）のなかで株式会社の取締役の行動について、「これら企業の取締役は、自分の資金ではなく他人の金（かね）を管理しているので、パートナーがパートナーシップの資金を管理する際によくみられるような熱心さで会社の資金を管理するとは期待できない。」と述べている（山岡洋一訳（日本経済新聞出版社、2007）(下) p.331）。この部分は、折に触れて引用されるところである。このほかにも『国富論』には、「株式会社が排他的特権をもたなくても成功を収められると思える事業は、業務をすべて決まりきった作業、変更の余地がほとんどない一定の方法で遂行できるものだけのようだ。」（同上 p.345）、「ある種の製造業の振興という公共の目的をかかげて設立された株式会社は、自社の経営に失敗して社会全体の資本を減少させるだけでなく、その他の点でも社会にとって利益になるより、害になることが多いのが通常である。」（同上 p.347）などの興味深い観察がある。スミスの株式会社に対する評価は総じて高いとはいえない。

技術の進歩、交易圏の拡大などによって株式会社の規模が大きくなるにつれて広く資金を調達することが必要となる（大規模な企業活動のためには株式会社という仕組みが組織形態のなかで最も適していた）。そして、株式の上場あるいは店頭公開が行われる。株主の数は増え、株式の譲渡が容易になるにつれて株主の交代も頻繁になってくる。このような状況のもとで、実際の会社の経営ははたして出資者である株主の利益に合致するように行われているのかという問題が生じてくる。

大規模化するアメリカの株式会社について「経営者支配」の現実を指摘し、「所有と経営の分離」という実態と問題点を指摘したのはA. バーリとG. ミーンズである（A. Berle / G. Means, The Modern Corporation and Private Property, 1932（1968年改訂））。バーリは法律学者、ミーンズは経済学者である。この著作は1932年に刊行されたが、大恐慌以前に開始された研究の成果に基づくものである。さまざまなテーマが取り上げられているが、大企業への経済力の集中・株式保有構造の実証分析と会社支配の分析がよく知られている。同書では、会社支配の形態として５つの類型が示されている。

① ほとんど完全な所有に基づく支配（control through almost complete ownership）

② 過半数支配（majority control）：50％超の株式を有する支配的な株主（または共同して行動する複数の株主）の存在する会

社であり、所有と経営の分離は部分的である。少数株主が存在するが、経営の支配権はもたない

③　法的手段による支配（control through a legal device）：持株会社をピラミッド型に積み重ねること（pyramiding）、無議決権株の利用、議決権につき特権のある株式の利用、議決権信託（voting trust）などの手段を用いての支配である

④　少数支配（minority control）：支配的な株主（または共同して行動する複数の株主）が存在し、その株式の保有は50％未満にとどまるが、経営の実効的な支配が可能な会社である。所有と経営の分離は部分的なものとなる

⑤　経営者支配（management control）：経営を支配するのに十分な株式を保有する株主（または共同して行動する複数の株主）が存在しない。完全に所有と経営が分離している

以上のようにバーリ＝ミーンズは、会社支配の類型の１つとして経営者支配をあげている。分散化された株式の保有構造のもとでは「経営者支配」の状態が生じやすく、その場合には「所有と経営の分離」に起因する株主の利益と経営者の利益の対立という問題が起こりやすいことを指摘した。19世紀後半から20世紀初頭にかけてのアメリカにおける急速な産業発展のなかで株式会社は大規模化し、そこに内在する問題が鮮明に意識されるようになった。バーリ＝ミーンズの著作のなかでコーポレートガバナンスという言葉は使われていないが、一般にこの分野の先駆的業績として位置づけられており、今日でも示唆するところが少なくない。

⑵ コーポレートガバナンスとは

コーポレートガバナンスというときに、それは何を意味しているのであろうか。経営トップの独走・暴走を防止する仕組みであるとする見解もあれば、不祥事防止と企業の活性化の双方に寄与するためのものであるという見解もある。イギリスの「ハンペル委員会報告書」(1998年1月)は、第1章の冒頭において「コーポレートガバナンスの重要性は、企業の繁栄とアカウンタビリティの双方に貢献するところにある。イギリスにおいては、過去数年間、ほとんどの議論は、後者に対するもの一色となっている。本委員会は両者の均衡が是正されることを希望したい。」(八田進二・橋本尚共訳)とする(なお、ここでアカウンタビリティとは「説明を伴う責任」の意に解されるべきであろう)。企業の繁栄のためのコーポレートガバナンスの役割をも指摘した見解として、「ハンペル委員会報告書」は注目を集めた(同報告書の位置づけや評価については第3章参照)。また、「OECDコーポレートガバナンス原則」(2004)は、その前文において、「コーポレートガバナンス慣行と投資の国際化の進展との関係がある。資本の国際的な流れは、会社が資金調達のためにより大きな投資家集団にアクセスすることを可能にする。国として、グローバルな資本市場の恩恵を十分に受けようとするならば、あるいは、長期的な「辛抱強い」資本を誘引しようとするならば、コーポレートガバナンスの枠組みが、信頼に足るもので、国境を越えてもきちんと理解され得るものでなければならないし、国際的に受け入れられた原則に整合的なものでなければならない。」として、コーポレートガバナンスの向上のプラス効果を指摘している。

このようにコーポレートガバナンスは幅のある概念であるが、企業の不祥事や経営破綻が契機となることが多かったという経緯もあり、総じて経営者の行動の抑制に重点が置かれる傾向がある。「コーポレートガバナンスというのは、一言で言えば、主として大企業において、その経営をチェックする仕組みをどのように企業のなかに築き上げるかという議論である。」（神田秀樹『会社法入門』（岩波書店、2006）p.27）という説明が簡にして要を得ていると思われる。経営の制御（チェック・アンド・バランス）というテーマであり、動的なプロセスに着目することが大事である。

一般に、コーポレートガバナンスは、経済学でいうエージェンシー理論の視点から分析される場合が少なくない。1970年代後半以降のアメリカの場合には特にその傾向が顕著である。エージェンシー関係とは、広く一方が他方のためにサービスを提供する関係をいい、ここでは株主が本人、経営者（取締役を含める場合もある）がエージェントに当たる。情報面で優位にあるエージェント（経営者）は必ずしも本人（株主）の利益に合致する行動をするとは限らない。本人による監視（モニタリング）やエージェントが本人の利益に合致する行動をとるように働きかけることにはコストがかかる。これがエージェンシーコストであり、コーポレートガバナンスは、エージェンシーコストをいかにして軽減するかという問題である。一般に、エージェンシー理論による分析においては、株式会社の目的は株主の利益の最大化であるとされる。換言すれば、コーポレートガバナンスの目的は、エージェンシーコストの最小化と株主価値の最大化であるという考え方である。

これは、いわゆるアングロ・アメリカン流のアプローチである。ただ、コーポレートガバナンスの問題において、アメリカとイギリスでは共通する考え方が多いものの、異なる場合も少なくない。たとえば、取締役会（ボード）の法制上の位置づけであるが、イギリスでは会社法にはボードについての規定が置かれていない。また、取締役会議長とCEOの分離問題における対応の差、イギリスにおける従業員の経営参加問題、イギリスの場合は欧州大陸諸国の動向を勘案せざるをえないなど、アメリカとイギリスの間ではかなりの差異がある。したがって、「アングロ・アメリカン型」と一括りにして論ずることが必ずしも適切でない場合がある。また、近年では、アメリカでもエージェンシー理論の限界やその問題点を指摘する見解があることに留意を要する（終章参照）。

一方、企業は社会のなかでさまざまなステークホルダー（利害関係者）と接点をもっており、そのなかで企業がどのように運営されるべきかという問題としてコーポレートガバナンスをとらえるべきであるという見解も少なくない。もっぱら株主の利益に焦点を当てるのではなく、ステークホルダー全体への配慮が必要であるとするものである。欧州大陸諸国ではこのような発想が強いように見受けられる。どちらのアプローチが適切あるいは有効なのかはなかなかむずかしいところであり、さらには複雑化する企業活動、機関投資家のウェイトの上昇という今日の状況のなかでこのようなとらえ方でよいのかという問題もある（江頭憲治郎「コーポレートガバナンスの視点からみた会社法」「企業と団体」（いずれも『会社法の基本問題』（有斐閣、2011）所収））。また、先般来の国際的な金融危機は、金融機関のコーポレートガバナンスのあり方に再考を迫るものであることはいうまでもなく、現在でも金融機関のリスク管理や役員報酬のあり方などについて多大の関心が寄せられるところとなっている。

(3) 会社法制の見直し

わが国の場合、会社法制の見直しというテーマがある。2010年2月、千葉景子法相（当時）は法制審議会に対して「企業統治の在り方」を含む会社法制の見直しを諮問した。会社法制部会（部会長＝岩原紳作東大教授）が設置されて審議が行われており、2011年12月には中間試案が公表されてパブリックコメントに付された。その際に提出されたさまざまな意見を受けて部会の審議が行われ、2012年9月7日の法制審議会（総会）で「会社法制の見直しに関する要綱」が採択されて滝実法務大臣に答申された。会社法制見直しに係る論点とその考え方については、第7章以下で述べる。

ただ、いうまでもないことであるが、コーポレートガバナンスの問題はもっぱら法律の問題としてとらえられるべき性格のものではない。「……コーポレートガバナンスの動きの中で留意すべきことは、そのルールづくりが制定法によるか、それとも自主規制によるかが重要なポイントとなる……。アメリカやイギリスは、開示制度によって自主規制を中心とするソフトローとしての制度改革をやってきているのに対して、わが国は商法改正という法改正によっていることが特徴となっている。」（森田章『上場会社法入門（第2版）』（有斐閣、2010）p.127）といわれるように、わが国ではこれまでのところ法制面での対応が主体となってきている。しかしながら、多様な企業の存在を考慮すれば、法令による一律の規制は必ずしも適切であるとはいえない。海外諸国がソフトローといわれる取引所規則やコーポレートガバナンス・コードを活用しながら、またディスクロージャーの手法を用いながらこの問題に対処してきているのは参考になる。このような問題意識をもちながら海外の事情をみていくことにしたい。

本書は会社法制の見直しという現下の課題をも念頭に置きつつ、コーポレートガバナンスのあり方について考察しようというものである。構成としては、まず海外諸国（独、仏、英、米）について株式会社の経営機構に関する法制とコーポレートガバナンスについての論議の展開を概観し、その後にわが国における課題とそれについての考え方を述べることにしたい。海外諸国の記述を先にするのは、国ごとに差異のある状況を知ることがわが国の問題を分析・検討する際に参考になると考えたからである。

海外編

第1章 ドイツのコーポレートガバナンス

ドイツの株式会社の経営機構は、監査役会と取締役会の二層構造となっている。一定規模以上の株式会社については、監査役会メンバーの２分の１または３分の１が従業員によって選任される。このような従業員の経営参加の効果・問題点については、さまざまな見方がある。企業不祥事や外国投資家の発言力増大などにより、1990年代以降、コーポレートガバナンスに対する関心が急速に高まり、法改正やコーポレートガバナンス・コードの策定が行われた。コードの策定に際しては政府が一定のかかわりをもち、またソフトローであるコードについて法律上の位置づけが与えられた。

1 会社法

(1) 株式会社についての法制

ドイツは、いろいろな面でわが国と接点があるが、法制度についてみると、明治期にドイツ法の内容を多く取り入れて基本法が制定されたことから、なじみの深い国である。商法（2005年の会社法制定前は会社に関する規定を含む）も、その体系はフランス法にならう構成であったが、内容的にはドイツ法の影響の濃いものであった。

ドイツの会社制度を概観すると、会社にはいくつかの種類があるが、そのなかで株式会社と有限会社が重要である。有限会社は、1892年の有限会社法に基づくものである。株式会社の数が約1万8000社であるのに対して、有限会社の数は約100万社と圧倒的に多い（G. Werth, et al., Corporate Law in Germany (2011) p.3）。これは、設立手続が簡易、機関設計が簡素化されている（一定規模以下の場合には監査役会不要）、最低資本金規制が緩やか、社員は有限責任などの点に着目して有限会社が選好されるためである。有限会社であるからといってイメージや信用の点で特に劣ることはないという。このようにドイツでは有限会社の存在が大きいことが特色であるが、コーポレートガバナンスの観点からは株式会社に焦点が当てられる。以下では、株式会社について述べる。

株式会社は、株式法（現行法は1965年制定）に基づくものであるが、その特色は、第1に経営機構が取締役（会）と監査役会の二層構造になっており、業務執行機関と業務監査機関との間に明確な区別があることである。第2に、一定規模以上の株式会社では監査役会メンバーの一定割合が従業員によって選任されることである。なお、日本語の表現についてであるが、ここでは一般の例にならってAufsichtsratの訳語として監査役会、Vorstandの訳語として取締役（会）としている。ただし、わが国の監査役会や取締役（会）とは役割がかなり異なることに注意を要する。これらの点について、クリストフ.H.サイプト（齊藤真紀訳）「ドイツのコーポレートガバナンスおよび共同決定」（『商事法務』No.1936 p.34）、松井秀征「ドイツにおける株式会社法制の運用実態とわが国への示唆(上)」（『商事法務』No.1941 p.25）参照。

まず株式会社の経営機構について述べると、ドイツの法制において監査役会制度が初めて導入されたのは、1870年の改正ドイツ普通商法典においてである。同年の改正において株式会社の設立に関する準則主義が採用され、監査役会が株式会社における必置の機関とされた。ただ、当時は監査役と取締役の兼任が禁止されておらず、監督機能と業務執行機能の分離は不十分であり、監査役会でも業務執行機能のほうが中心であったとされる。その後、1884年に監督機関としての位置づけを明確にする法改正が行われ、監査役と取締役との兼任禁止などが定められた。1937年に株式法が制定され、株式会社に関する規律は商法典から出て単行法となった。監査役会に対する業務執行権限の委託が禁止され、監査役会による取締役の選任が規定された。1965年に現行の株式法が制定されたが、監査役会制度については大きな改正は行われなかった。ドイツの監査役会制度の沿革については、神作裕之「ドイツにおける共同決定制度の沿革と実態」（資本市場研究会『金融危機後の資本市場法制』（2010）所収）p.318以下による。

取締役は、監査役会によって選任される（一定規模以上の株式会社の場合には原則として２名以上）。株式法は、取締役を構成員とする会議体についての規定は置いていないが、通常の場合、各会社は会議体があることを前提とした業務規程を有している（松井前掲 p.26）。複数の取締役がいる場合、監査役会は取締役会の議長を任命することができる。この任命権限を監査役会内の委員会に授権することはできない。もし、監査役会が取締役会の議長を任命しなかった場合は、取締役はスポークスマン（窓口役ともいう。ドイツ語ではSprecher）を選ぶことができる。ここでスポークスマンとは、会議の司会役として機能し、監査役会との折衝を主導し、また対外的に発言するなどの役割を有するが、議長のように取締役会の方向づけや調整をすることはできない（Werth前掲 p.106）。2012年５月に改定されたドイツ・コーポレートガバナンス・コード（以下、本章において「コード」という。英訳版に依拠）は、上場会社の取締役会は数名の取締役で構成されるべきであり、議長またはスポークスマンを置くべきであるとする。ドイツでは、取締役の立場は基本的に同等であるが、議長がアメリカやイギリスなどにおけるCEOと似たような役割を果たす場合もあり、最近ではその傾向が次第に強まっているともいう。ただし、この点はケース・バイ・ケースであり、当該議長の個人的なキャラクターによるところが少なくないとされる。

取締役の任期については、法定上限は5年であるが、一般に3年とされることが多いという。監査役会は、十分な理由のある場合には取締役を解任することができる。比較的規模の大きい上場株式会社の取締役会の構成に関する最近の実態調査によれば、2000年以降、取締役に任命された人物の50～80%が社外から招聘された者であり、また取締役の平均任期は6.7年である（サイプト前掲 p.36）。

取締役は、その責任において企業の利益のために経営を行う。その際には、株主、従業員、その他のステークホルダーの利益を考慮し、持続可能な価値の創造を目的として行わなければならない（コード）。一定の重要な取引（定款または監査役会の決定による）について監査役会の同意を要する場合があるが、監査役会は業務執行について取締役に指示することはできない。これは、取締役がその責任において経営を行うとされていることによるものである。また、取締役は、株主総会の招集、年次決算書・事業報告の作成、内部管理体制の整備などを行う。取締役は、監査役会に対して所定の報告義務を負う。そのなかには会社の計画や将来の会社経営に関する基本的な事項が含まれる。また、少なくとも四半期に1回、業務執行状況を監査役会に報告しなければならない。このような取締役の報告義務は、近年の法改正によって強化されてきたものである。なお、2012年のコード改定に際しては、取締役が監査役会に報告する事項として、計画、事業の展開、リスクの状況などに加えて、戦略が追加された。

取締役には業務執行における注意義務や守秘義務が課せられ、その違反に対しては損害賠償責任を問われうる。ただし、経営的な判断の場合であって、適切な情報に基づき会社の利益のために行動したと合理的にみなされる場合には責任を負わない。株式法の93条1項2文は、「取締役が企業家的決定において適切な情報を基礎として会社の福利のために行為したと合理的に認められる場合、義務違反はない。」（高橋英治『ドイツと日本における株式会社法の改革』（商事法務、2007）p.251掲載の訳）と定める。ここで「会社の福利」とは会社の利益という意味である。この規定は2005年の改正において株式法に設けられたもので、従前からの判例理論を明文化したものである。コードも「経営判断の原則」という表現を用いつつ、取締役会メンバーまたは監査役会メンバーについてこの趣旨を規定している。

監査役会のメンバーは、一定規模以上の株式会社の場合、株主により選任される者と従業員により選任される者がある。その任期は最長5年である。監査役会メンバーは、当該会社の取締役等との兼任はできない。経営の執行とその監視・監督が制度上分離されている。上場会社の場合、取締役から監査役会メンバーになることについて制限があり、過去2年以内に同じ上場会社の取締役であった者は、原則として監査役会メンバーになることができない（株式法）。コードは、監査役会は適切な数の独立性あるメンバーを含まなければならないとし、以前に取締役であった者が監査役会メンバーのうちで2名を超えるべきではないとしている。

監査役会の任務は、

① 取締役への定期的な助言と監視

② 取締役の選任・解任、取締役の報酬の決定

③ 年次決算書・事業報告・貸借対照表上の利益の処分案などの監査

④ 一定の重要な取引に対する同意

が主なものである。また、監査役会は、取締役に対する裁判上・裁判外の手続において会社を代表する。監査役会は、企業の利益のために必要な場合には株主総会を招集しなければならない。なお、5％以上の株式を保有する株主は、取締役に株主総会の招集を請求し、招集されない場合には裁判所の許可を受けて招集することができる。

監査役会は、そのメンバーで構成される委員会（監査委員会、指名委員会、報酬委員会など）を設置し、一定の事項について委員会に委任することができる。ただし、取締役の選任・解任それ自体や、報酬の決定自体を委任することはできない。上場会社（または上場申請中の会社）の監査役会または監査委員会では、そのなかの最低1人は独立でかつ会計または財務諸表

監査の専門家でなければならない。監査役会のメンバーに対しては、注意義務・守秘義務が課せられる。監査役会による監視の実をあげるためには、取締役からの情報のフローが重要であることはいうまでもなく、取締役の監査役会に対する報告義務の強化は監査役による監視の実効性の向上に資することを企図するものである。

ドイツの株式法では、1998年の改正で初めて上場会社の定義が設けられた（株式法3条2項）。「上場会社の定義規定が置かれたこと自体、資本市場法の概念が会社法に直接的な影響を与えた例であると評されている。」（神作裕之「ドイツにおける会社法と資本市場法の交錯」（『商事法務』No.1865）p.17）。監査役会の開催頻度など若干の事項について、上場会社の場合の特則が定められた。2002年改正で導入されたコーポレートガバナンス・コードの遵守状況の開示義務（株式法161条）は、上場会社についてのものである。上場会社の概念がすでに株式法に取り入れられていたことは、法律とソフトローであるコードとを結びつけるうえで好都合であったと思われる。コードの存在とその遵守に関する開示義務が法定されたことから、上場会社についてはこのようなリンクを通じて実際には非上場会社とかなり異なる規範が適用されることになっているとみることができよう（神作同上 p.17参照）。

⑵ 共同決定方式

共同決定法（1976年制定）によれば、従業員2000人を超える株式会社の場合、監査役会メンバーの半数は株主総会において株主が選任し、残りの半数は従業員が選任する。後者については、当該企業の従業員から選ばれる者と労働組合から選ばれる者がある（ドイツでは産業別組合が中心)。監査役会メンバーの数は、会社の規模により異なり、従業員２万人を超える会社では20名である。監査役会議長は株主選任メンバーによって選出され、監査役会決議において可否同数の場合は監査役会議長が２票目を投ずる。このように選任母体が異なるが、株主選任メンバーも従業員選任メンバーも、等しく会社の最善の利益のために行為しなければならない（コード序文)。

従業員数が500人超2000人以下の株式会社の場合は、従業員による選任数は監査役会メンバーの３分の１である（三分の一参加法)。三分の一参加法（2004年）は、1952年の「事業所組織法」に含まれていたものを独立の法律としたものである。従業員500人以下の会社（1994年８月10日以降の登録）の場合は、監査役会に従業員代表を参加させる義務はない。なお、鉱業・石炭・鉄鋼業については、モンタン共同決定法（1951年制定）が適用される。共同決定法に対しては、株主の所有権侵害であるとして使用者側から憲法訴訟が提起されたが、監査役会議長が可否同数のときに２票を投じることができること、同議長の選任に際して株主代表のメンバーに優位があることから、完全な対等ではなく株主側に最終的な決定権があることを根拠に連邦憲法裁判所は合憲とした（1979年）（田端後掲 p.25)。ドイツの共同決定制度については、神作前掲「ドイツにおける共同決定制度の沿革と実態」p.307、田端公美「ドイツ・フランスにおける労働者の経営参画制度とその実態」(『商事法務』No.1900 p.24)参照。

共同決定方式に対しては、監査役会の規模が大きくなりすぎる、迅速な意思決定への障害、利潤目的の活動への制約(合理化投資の遅れ)などの問題点が指摘されるが、経営側と労働側との橋渡しの役割や従業員に対するアカウンタビリティ(説明を伴う責任)の機能を評価する意見もあり、評価は分かれている。「……従業員の交渉力を強めることにより長期的観点からのコミットメントをより明確にし、場合によっては企業特殊的投資の促進に資する、意思決定の迅速な実現を可能にする等のメリットをどのように評価するかがポイントになろう。」(神作前掲「ドイツにおける共同決定制度の沿革と実態」p.350)という指摘は重要であると思われる。この制度の変更は政治的にきわめて困難であるとされ(松井前掲 p.31参照)、現実にはこの枠組みのなかで最善の工夫をしていくということなのであろう。「ドイツから学び得るのは、共同決定の是非ではなく、ドイツの上場企業法制が、伝統的な経営機構と産業・市場構造の変化との間にどのように折り合いをつけようと努力しているか、という点であると思われる。」という指摘がある(齊藤真紀「企業統治」(『商事法務』No.1940 p.29))。わが国のコーポレートガバナンスのあり方を考えるうえでも参考にすべき視点であると思われる。

2 コーポレートガバナンス

(1) コーポレートガバナンス・コードの制定

ドイツでは、資金調達に占める銀行借入れの役割が大きく資本市場ファイナンスのウェイトが低かったことや銀行による株式保有比率の高さなどから、コーポレートガバナンスの問題についてはあまり意識されない状態が長く続いた。しかしながら、1990年代以降、企業不祥事の発生、国境を越えた企業再編の動き、外国投資家の働きかけ、税制の変更（2002年）を契機とする銀行保有株式の売却などによってコーポレートガバナンスのあり方に対する関心が急速に高まった。企業不祥事については、メタルゲゼルシャフト（コングロマリット）の経営破綻（1993年）、ホルツマン（建設）の経営危機（1999年。その後2002年に破産申請）などが大きな問題となった。これらの不祥事の発生に対して、監査役会ははたして機能しているのかという批判が高まった。

1998年の「企業領域における監督および透明性確保のための法律」は、これらの問題発生や環境変化に対する法制面での対応である。さらに、バウムス教授を中心とする民間のグループ（フランクフルト・グループ）により、2000年１月、「コーポレートガバナンス原則」が発表された。また、ヴェルダー教授を中心とする民間グループ（ベルリン・グループ）により報告書が公表された（2000年6月）。ベルリン・グループの報告書は、コーポレートガバナンスのあり方についての提言とともに、ドイツの経営機構における監査役会・取締役会などの実際の運営やその望ましい方法などにも言及しており、経営の実際に対する問題意識にも触れることのできる興味深い内容となっている。

政府は、2000年5月、連邦首相の諮問機関としてコーポレートガバナンス委員会を設置した（バウムス教授が委員長）。2001年7月、バウムス委員会は答申を提出した。そのなかで行動規範の策定を提案し、あわせて監査役会の機能の強化、外部監査機能の強化、情報開示の拡充などについての提案を行った。その後、ティッセンクルップ社の監査役会会長であるクロンメ氏を委員長とする委員会が連邦司法省により設置され、ドイツ・コーポレートガバナンス・コード（以下「コード」という）が策定された（2002年2月）。

「透明性および開示に関する法律」（2002年）は、バウムス委員会の提案のなかで緊急性が高く、また比較的論議の少ない事項を立法化したものである。そのなかで特筆されるのは、上場会社に対して、毎年、コード中の勧告条項について、その遵守状況を宣言することを義務づける条文が株式法に新設されたことである（161条。その後、2009年の改正により不遵守の理由の開示が義務づけられた）。この宣言は、会社のウェブサイトにおいて常時アクセス可能でなければならない。本改正について、小柿徳武「ドイツにおける会社法改正の動向」（森本滋編著『比較

会社法研究』（商事法務、2003）所収）p.61参照。

コードは、制定以来、毎年見直され必要に応じて改定が行われる。2011年には改定されなかったが、2012年５月に改定が行われた。コードは、現行法の内容を整理した規定、勧告規定、推奨規定の３種類から構成されており、コードを一覧すれば法律を参照しなくてもコーポレートガバナンスの全容が把握できるように工夫されている。そのなかでは勧告規定がコードの核心を形成しており、前述のようにその遵守状況の開示が法律により義務づけられている（推奨規定については遵守状況の開示義務はない）。勧告に従うことを義務づけられるわけではないが、従わない場合にはその旨および理由を開示しなければならない。イギリスのキャドベリー委員会報告書（第３章参照）の「遵守せよ、さもなくば説明せよ」（comply or explain）のアプローチが採用されたわけである。

以上の経緯について、「ドイツにおいても、ガバナンスの向上のための施策のすべてを立法によって解決するのが必ずしも適切なわけではなく、いわゆるソフトローを利用することとされたのである。興味深いのは、コーポレートガバナンス委員会という政府委員会が同コードを策定するものとし、ソフトローの策定主体に国家が一定程度関与している点である。」（神作前掲「ドイツにおける会社法と資本市場法の交錯」p.16）と述べられている。このようにソフトローであるコードについて法律上の位置づけが与えられたこと、バウムス委員会・クロンメ委員会が連邦政府のイニシアティブのもとに設置されたという経緯は、コーポレートガバナンスというテーマの位置づけや政府の役割を考えるうえで注目される。また、政府の関与がみられるとはいえ、コードの勧告規定の対象となる事項を法律（株式法など）が直接的に規定するという対応が行われたわけではないことにも留意の要があろう。

⑵　コードの概要

コードはその序文において、このコードはドイツのコーポレートガバナンスのシステムを透明で理解しやすいものにすることをねらいとし、内外投資家をはじめとする関係者のドイツ企業経営に対する信頼を高めることが目的であると述べている。また、取締役会・監査役会の任務は、社会的市場経済の原理に従って企業の存続と持続可能な企業価値の創造を確かなものにすることにあるとする。「ステークホルダー・モデルに基づき企業経営がなされるべき旨が明らかにされた」（神作前掲「ドイツにおける共同決定制度の沿革と実態」p.331）といわれるが、コード序文の記述にドイツのこの問題に対する姿勢が端的に表現されている。

コードは序文を含め７つのパート（章）から構成される。コードは、上場会社だけでなくそのグループ企業にも適用される。また、非上場会社についてもコードの尊重が望ましいとしている。2012年のコードの改定では、前述の遵守状況の開示に関し、コードの勧告規定から乖離している場合の理由が納得のいくものであれば、それはよいコーポレートガバナンスのためになるであろうという文言が追加された。

取締役会と監査役会の協働についての規定（第３章）があることは当然のことながらも注意を要するところである。それぞれの機関に関する規定の一部は前述したが、若干補足すると、取締役会・監査役会についてメンバー構成の多様性への配慮や年齢制限を設けるべきことについての規定が置かれている。2010年の改定では、監査役会メンバー・取締役会メンバーや管理職の選任・任命に際し、女性に対して適切な考慮が払われるべきであると規定された。監査役会は、監査役会が適切と考える数の独立メンバーを含めるべきであると規定するが、2012年の改定では独立性に関する文言が若干修正された。コードは、監査役会に監査委員会、指名委員会を設置することやその構成などについて勧告しており、その他の委員会（企業戦略、報酬、投資・資金調達など）の設置を推奨している（第５章）。

透明性についてのコードの第６章では、株主に対する公平な情報の開示、迅速な開示のためのインターネットの利用などが勧告されている。アナリストなどに対して開示された新しい情報は、遅滞なく株主にも開示されるべきであるとする。

公開買付けの場合の規定が第３章のなかにある。対象会社の株主が情報を得たうえで意思決定をすることができるように、取締役会・監査役会は自らの意見を述べなければならないと規定する。公開買付けが公表された後は、取締役会は、その結果が発表されるまでの間、法的な規制によって許される場合を除き、日常の業務以外で当該公開買付けの成功を妨げる行為をしてはならない。取締役会と監査役会は、公開買付けの意思決定に際して株主および企業の最善の利益にかなうようにしなければならず、状況によっては株主が公開買付けについて議論し、企業としての意思決定をすることができるよう臨時株主総会を招集すべきであるとする。

わが国の会社法制は、明治期の商法制定時に欧州大陸諸国(特にドイツ）の強い影響を受けてつくられた。わが国社会における団体の役割やその内部規律のあり方をみても、英米よりもむしろ欧州大陸諸国に似ている場合が少なくないように見受けられる。ドイツにおける法制の動向やコーポレートガバナンスへの取組みには、いろいろと参考になるところがあるように思われる。

第2章 フランスのコーポレートガバナンス

フランスの株式会社の特色は、経営機構についての選択肢があることである。取締役会のみの単層構造の経営機構に加えて、1966年の会社法改正で二層構造の経営機構も選択しうるようになった。また、2001年の法改正により、取締役会議長（会長）と経営の執行責任者の分離も選択しうる。外国株主の発言力増大の影響などによって、1980年代後半以降、コーポレートガバナンスに対する関心が急速に高まった。フランスでは、ヴィエノ委員会をはじめ、ガバナンスの論議における企業経営者の役割が大きいことが特徴的である。

1　会 社 法

(1)　株式会社についての法制

フランスでは商法典のなかに会社についての規定があり、いくつかの種類がある。株式会社のほかに、有限会社の形態が広く用いられており、近年では簡易株式会社の制度も設けられている。

簡易株式会社（略式株式会社と訳される場合もある）の制度は、1994年改正で導入された。これは、大規模会社が合弁事業を行うために適した柔軟な企業形態が存在しなかったため、定款自治が広く認められる簡易株式会社を導入したものである（山田純子「フランスにおける会社法改正の動向」（森本滋編著『比較会社法研究』（商事法務、2003）所収）p.71）。当初は、大規模法人のみが社員となることができたが、1999年改正で自然人も社員になることができ、また一人会社も可能になった（自然人による一人会社も可能）。簡易株式会社の場合は、上場はできない。このような柔軟な形態の会社を認めたのは、「会社法における真の革新に当たる」といわれる（イブ・ギュイヨン（鳥山恭一訳）「フランス会社法の最近の展開」（『商事法務』No.1546）p.6）。

フランスでは1867年の商事会社に関する法律で株式会社の設立について準則主義を採用した。この法律は、1966年に全面的に改正され、「商事会社に関する1966年7月24日の法律第66－537号」が会社について規定していたが、2000年9月に1966年法が商法典に統合されるという経過をたどっている（山田前掲p.86）。フランスの会社法は、条文が多く、かなり細かな事項までが法定され、複雑である。コーポレートガバナンスの観点からは通常の株式会社に焦点が当てられるので、以下では株式会社の法制についてみていくことにしたい。

フランスの株式会社の経営機構は、在来型の取締役会のみの機関設計（単層構造）とドイツ型の監査役会と執行役会から構成される二層構造の2種類である。いずれの機関設計をとるかは会社の選択に委ねられる（定款で定める）。二層構造の機関設計は、1966年の商事会社法の全面改正の際に導入されたものであり、改正案が議会で審議中の段階に2人の議員による修正提案が出され、選択制が採用されることになったものである。「監督機関と指揮機関の混合が伝統的な株式会社に内在する障害」であるという考え方に基づく提案であり、ドイツ法にならうものであった（鳥山恭一「フランス会社法とコーポレート・ガヴァナンス論」（奥島孝康教授還暦記念論文集編集委員会『比較会社法研究』（成文堂、1999）p.484））。

実際には、圧倒的多数の会社が従来どおり単層構造の機関設計であり、二層構造を選択する会社はわずかである。その理由としては、新しく二層構造を選択するインセンティブに乏しいこと、フランス人にとって企業は1人の経営者によって経営されるべきであり合議体による方式はなじまないことなどがあげられている。もっとも、外国企業のフランス子会社には経営トップへの権限集中を警戒することから二層構造を選択する例があるようであり、また企業再編の際にいわゆるポスト配分の観点から二層構造の経営機構を採用する例があるという。また、社長（創業者）が第一線を退くにあたって、経営の監視機能を保持するために二層構造が選択される例もあるとのことである。いずれにせよ、実際には必ずしも1966年改正の背景にあった問題意識がそのまま反映された運用とはなっていない場合が多いようである。二層構造の運営の実情については、鳥山恭一「コーポレート・ガヴァナンスとフランス会社法(上)(下)」（『月刊監査役』459号、460号）、J. Charkham, Keeping Better Company（2008、フランスについてはH. Ploixが執筆）に依拠した。

(2) 取締役会の役割

単層構造の経営機構の場合を概観すると、取締役は株主総会で選任され、定款所定の数の株式を保有しなければならない。法人取締役の選任も可能である（法人は常任代理人を選任する必要がある）。取締役の人数は3人以上であるが、定款で定めうる上限は18人（2001年改正前は24人）である。任期は定款で定められるが、法定上限は6年（総会決議による選任の場合）または3年（定款で指定される場合）である。定款に別段の定めがない限り、再任可能である。取締役の年齢制限を定款で定めることとされているが、かかる規定のない場合には70歳を超える取締役の数は3分の1を超えてはならない旨が法定されている。取締役の解任は、株主総会決議によりいつでも可能である。

従業員代表取締役の選任も定款の定めにより一定の人数まで可能であり、一定の会社については義務とされる（ただし、民営化された元国有企業以外で任意に従業員代表取締役を選任している例はほとんどないという）。従業員代表取締役は全従業員の選挙で選任され、株主総会は関与することができない。従業員代表取締役は、株主によって選任された取締役と同様に会社の利益のために行動する義務や守秘義務を負い、かかる義務に違反すれば損害賠償責任を負う。従業員代表取締役を株主総会決議で解任することはできない。解任するには、取締役会決議により裁判所に解任を請求する必要がある。

従業員代表取締役とは異なる制度であるが、従業員（当該会社および関係会社の従業員）が株式の３％超を保有している上場会社については、従業員株主を代表する取締役会メンバーである従業員株主代表取締役を１人以上選任しなければならない。従業員株主代表取締役は、従業員株主の提案に基づき株主総会で選任される。従業員株主代表取締役の任期は、株主によって選任された取締役や従業員代表取締役と同じである。会社の利益のために行動する義務や守秘義務を負い、かかる義務に違反すれば損害賠償責任を負う点も同様である。解任方法は、従業員代表取締役とは異なり、株主総会決議により解任することができる。

フランスの企業においては、このほか、企業委員会（使用者、従業員、組合代表で構成。従業員50人以上の企業に設置義務）の従業員メンバーの代表者を取締役会に出席させなければならない。かかる代表者は、発言して企業委員会の要請を提出することができる。ただし、取締役会のメンバーではないため、議決権は有しない。このような取締役会の構成・運営になっていることから、企業の戦略はしばしば取締役のみで構成される戦略委員会で議論される傾向があるという（Charkham前掲p. 198）。以上のように、沿革的な事情もあって、フランスの経営機構における従業員の参画方法（二層構造の場合の監査役会についても同様）はかなり複雑であることが特徴的である。フランスにおける従業員の経営参画についての上記の記述は、田端公美「ドイツ・フランスにおける労働者の経営参画制度とその実態」（『商事法務』No.1900）およびCharkham前掲に負うところが多い。

取締役会の役割は、業務執行の方針の決定とその実施の確保、取締役会議長（会長）の選任・解任、計算書類・年次報告書の作成、株主総会の招集などとなっている。会社の業務全体の指揮は、取締役会議長が行うか、あるいは取締役会によって任命され執行役員のタイトルを有する自然人（取締役でなくてもよい）が行うかのいずれかによる。どちらの方式を採用するかは、定款で定める条件に従って取締役会が決定する。以前は法制上このような分離はできなかったが、2001年の法改正によって可能となった。会社は、どちらの方式を採用したかを株主および第三者に開示しなければならない。取締役会議長、執行役員などの年齢の上限を定款で定めるものとされ、もし定款に規定のない場合には65歳が上限である。このようにフランスの場合は、前述した取締役の年齢制限とあわせて取締役会議長などについても年齢制限に関する規定があることが特色となっている。

(3) 二層構造の経営機構

二層構造の場合の経営機構は、監査役会と執行役会によって構成される。監査役会のメンバーは株主総会で選任され（3人以上。定款で定めうる上限は18人）、定款所定の数の株式保有義務がある。監査役会のメンバーの解任は株主総会の特別決議による。監査役会メンバーと執行役会メンバーの兼任は禁止される。監査役会は、執行役会のメンバーを選任し、その議長を指名する。執行役会メンバーの解任は、株主総会決議または監査役会（定款に定めがある場合）により可能である。監査役会は執行役会の業務執行を監視・監督する。執行役会のメンバーの数は5人以下である（上場会社の場合は定款で7人以下とすることもできる）。監査役会・執行役会メンバーの年齢制限についても単層構造の場合と同様の規定がある。

以上のように、単層構造のボードに加えて二層構造の選択が可能なこと、さらに単層構造の場合には業務執行の責任者と取締役会議長とを兼ねるか否かの選択があり、あわせて3つの類型の経営機構のなかから選択することが可能になっている。

⑷ 会計監査役

フランスの株式会社については、単層構造、二層構造のいずれの場合も会計監査役を置くことが義務づけられる。会計監査役の制度は、1867年の商事会社に関する法律において定められ、今日に至っている。1966年改正においてその名称が「監査役」から「会計監査役」に改められた。会計監査役は、資格者名簿（法務省の管轄）のなかから会社と利害関係のない者が株主総会の決議により選任される（少なくとも１人。連結計算書類の作成が義務づけられている会社は２人以上）。

会計監査役は、会計監査に加えて一定の範囲で業務監査の職責も担う（取締役等の利益相反取引や新株発行に関する報告書の株主総会への提出など）。また、決算に関する取締役会に出席し、株主総会にも出席する。二層構造の会社の場合は、監査役会と会計監査役が並存することになる。会計監査役は、決算に関する監査役会に出席し、株主総会にも出席する。会計監査役に支払った報酬額に関する情報は、監査を受けた法人（株式会社に限らない）の所在地において、株主、社員などの閲覧に供される。なお、フランスではわが国の公認会計士に相当する専門会計士の制度があり、その資格を有する者の約８割が会計監査役としての登録を行っている。

以上のように、資格者名簿のなかから選任されること、会計監査役の複数選任を義務づけられる場合があること、その権限が業務監査にも及んでいることが特色であるといえよう。なお、2003年の金融安全法（後述）により、会計監査役の独立性の強化が図られた。

2 コーポレートガバナンス

(1) コーポレートガバナンスへの関心 ——ヴィエノ委員会の設置

フランスでコーポレートガバナンスに対する関心が高まってきたのは1980年代後半以降である。その背景には、外国投資家(特にアメリカの機関投資家)の株式保有比率の上昇とそれに伴う発言力の増大、大企業の経営危機、フランス式エリートシステムの動揺などがあった。なかでも外国投資家の要請が大きな影響を及ぼしたものとみられる。「90年代パリ証券取引所における外国人投資家のシェアは増大の一途をたどった。フランスでは非居住者投資家の期待に応えるため、経営者がイニシアティブをとって、コーポレート・ガヴァナンス論に順応して、1995年、1999年、2002年の3回、これを検討するための委員会を設けたことも驚くにはあたらないであろう。」(フィリップ・ビサラ「フランスにおけるコーポレート・ガヴァナンス(下)」(『国際商事法務』32巻6号(2004))p.716)。

このような情勢のなかで民間企業団体(AFEP)と仏経営者全国評議会(CNPF。なお、その後フランス企業運動(MEDEF)と改称)によってヴィエノ委員会が設置された。この委員会は、大企業経営者によって構成され、ヴィエノ委員長はソシエテ・ジェネラル銀行のトップであった。1995年7月に「フランスの上場会社の取締役会」と題する報告書が公表された(「ヴィエノ報告書Ⅰ」)。この報告書は、取締役会の意義・役割について述べるとともに、提言として、

① 少なくとも2名以上の独立取締役の選任(ただし最適な取締役会の構成を図ることは各企業の役割である)

② 主要株主がいる会社では少数株主の利益を考慮するため独立取締役を選任

③ 過渡的な現象としての株式の相互持合いの解消、取締役の相互派遣の解消

④ 取締役の兼任社数の減少

⑤ 取締役・経営幹部選任手続の適正化のため取締役会の内部に委員会を設置

⑥ 取締役会の運営方法・取締役の職務の明確化

⑦ 取締役会内の委員会(監査委員会など)の設置

などをあげ、また報告書のなかで取締役が遵守すべき「取締役憲章」を示した。なお、同報告書の題名に「コーポレートガバナンス」という表現は用いられていない。

イギリスのキャドベリー委員会報告書(1992年)では、取締役会議長(会長)と業務執行の責任者の分離が提言され、この点の取扱いが注目されたが、ヴィエノ報告書Ⅰは消極的な姿勢であった。フランスでは二層構造の経営機構という選択肢があることなどを理由とする。また、ヴィエノ報告書Ⅰのなかでは、英米流の株式価値重視の考え方とはやや異なる「会社の利

益」という概念が表明されている。英米のアプローチでは、経営者は株主の利益のために行為すべきであるとされるが、「会社の利益」は株主の利益とは区別される。会社はそれ自体の利益を追求するものであり、株主、従業員、債権者などの目的とは区別され、それらの共通の利益を反映することが会社の繁栄と継続を確保するものである（ヴィエノ報告書Ⅰ）。「会社の利益」に関しては、パリ控訴裁判所が1965年５月22日の判決で判示し、その考え方は現在でもフランス法のなかに規範として存在するとされるが、この概念に対しては、経営者がさまざまな関係者の間で裁定的に行動することを正当化するものであるという批判があるとのことである（Charkham前掲 p.183）。なお、この問題に関し「フランスでは、「コーポレート・ガヴァナンス」にいう「株主の利益」は、フランスの裁判所が適用する「社会的利益」と同じものか、という問題が活発に議論されてきた。現在は、「会社の利益」と「株主の共通利益」は一致するとして、この議論も落ち着いたようである。」（ビサラ前掲 p.718）とするものがある。

企業トップで構成される委員会で論議が進められたことから、ヴィエノ委員会の提言内容の実務への取入れは比較的スムーズに進んだという。

ヴィエノ報告書Ⅰは３年後の見直しを求めており、1999年７月にフォローアップの結果がまとめられた（「ヴィエノ報告書Ⅱ」）。「コーポレートガバナンス委員会による勧告」と題するこの報告書は、取締役会議長と業務執行の責任者の分離の問題について、ヴィエノ報告書Ⅰとは異なり、分離するかどうかは各企業の選択に委ね、それを可能にするよう法改正を求めるという立場を打ち出した。また、ヴィエノ報告書Ⅱでは、独立取締役の役割が強調され、少なくとも取締役数の3分の1を占めるべきであるとされた。そのほか、監査委員会の役割の強化（少なくとも3分の1は独立取締役で構成）、取締役についての情報開示の拡充、上場会社の取締役・経営幹部の報酬の開示、そしてヴィエノ報告書Ⅰ・Ⅱの実施状況と不実施の理由の年次報告書における開示などを求めた。なお、1980年代から1990年代初頭にかけてのフランスのコーポレートガバナンスの動向については、成毛建介「フランスにおける企業統治の特徴と改革の動きについて」（日本銀行海外事務所ワーキングペーパーシリーズ、2003年）が参考になる。

⑵ 米国SOX法の影響

この間、政府は元老院議員のマリーニ氏に対して会社法の現代化についての報告書の作成を依頼し、1996年7月に公表された。マリーニ報告書は、

① 企業の自由を促進するために、より中立的でより柔軟な法が必要であるとして、簡易株式会社について一人会社の容認、上場会社か否かで規制に差異を設けること、株式会社の業務執行機構について取締役会議長と社長の分離の可能性の承認、取締役などの員数の上限を定款に委ねることなどを提案し、

② 企業の経営方法の改善が必要であるとして、大規模会社の取締役会議長について他会社の取締役兼任の制限、取締役会内の委員会への権限委譲の承認などを提案し、

③ 企業内部の権限と責任のよりよいバランスの促進と会社に関する刑罰規定の改革が必要であるとして、株主権の直接的な行使の促進、会計監査役の職務の明確化と独立性の向上などを提案した。

以上のようにマリーニ報告書は、1966年会社法の広範な改正を提案するものであった（山田前掲 p.72）。

このような各方面の動きを背景に、2001年の法改正（「新経済規制についての法」）が行われた。その内容は多岐にわたるが、コーポレートガバナンス関連では、

① 取締役会・監査役会メンバーの定款で定めうる人数上限の引下げ（24名→18名）

② 取締役会の役割の明文化

③ 取締役会議長と執行権限の分離についての選択制

④ 担当執行役員（5人を超えない範囲で定款で定めうる）の指名

⑤ 執行役員の権限の明定

⑥ 二層構造の場合において監査役会による執行役会メンバーまたは単独執行役員の解任

⑦ 取締役・監査役会メンバーの兼任制限（国内会社について8社→5社）

などがあげられる。

2002年9月に公表されたブトン委員会（MEDEFおよびAFEP－AGRFにより設置。ブトン委員長はソシエテ・ジェネラル銀行頭取）の報告書は、

① コーポレートガバナンス慣行のさらなる改善

② 会計監査役の独立性の強化

③ 財務情報、会計基準および会計慣行

という3つのパートから構成されており、アメリカにおけるエンロン事件・ワールドコム事件の発生とその後のサーベインス＝オクスレー法（SOX法）制定の影響が大である。

コーポレートガバナンスについては、

① 株式保有が分散されている会社であって支配株主のいない会社では取締役の半数が独立取締役

② 独立取締役の定義の厳格化

③ 監査委員会のメンバーの少なくとも3分の2は独立取締役

④ 会計監査役の独立性の強化

⑤ 財務情報の質および開示方法の改善

などを提言している。

なお、ヴィエノ報告書Ⅰのなかでは前述のように「会社の利益」の概念が明確に主張されていたが、この点に関してブトン報告書では、ボードの構成に関する項目において取締役が「会社とその株主のために」務めるために能力、経験および独立性のミックスが必要である旨を述べており、淡々とした筆致であるが「株主」という表現が加わっていることが注目される。

このような論議が進行するなかでSOX法にならって金融安

全法が制定された（2003年）。同法は、新たな金融監督体制の樹立（従前の規制監督機関を統合し金融市場機構（AMF）を創設）、投資家・保険契約者保護、会計監査役の監督制度（会計監査役高等評議会の新設）と会計監査役の独立性の確保（同一の上場会社に対する監査が連続して6年を超えることの禁止、監査対象企業へのコンサルティングサービス提供の禁止）などを規定するものである。コーポレートガバナンス関連では、取締役会議長（または監査役会議長）に対して、内部統制手続についての報告書を作成し、株主総会に提出する義務を課した（年次報告書に添付）。会計監査役は、この報告書に対する所見を自らの報告書に記載しなければならない。なお、フランスにおける内部統制報告書は、財務報告に係る内部統制だけでなく、会社が設定するすべての内部統制およびリスクマネジメントが対象となる。また、内部統制報告制度は、株主に対する情報提供に加えて市場向けの情報提供という目的があり、会社は内部統制等に関する情報をAMFの定めるところに従って公表しなければならない。金融安全法については、奥山裕之「フランスの金融安全法」（『レファレンス』2004年2月号）、鳥山恭一「フランス」（『金融法研究』第20号、2004）、蟹江章「フランスにおける内部統制報告制度の現状」（『月刊監査役』599号）に依拠した。

(3) コーポレートガバナンス・コード

AFEPおよびMEDEFは、ヴィエノ報告書Ⅰ・Ⅱ、ブトン報告書、AFEPおよびMEDEFによる2007年・2008年の役員報酬に関する勧告をまとめて「上場会社のコーポレートガバナンス・コード」(以下「コード」という)を編集した。2010年4月改定後の最近のコード(英訳版に依拠)は、前文と22の項目から構成され、その内容は取締役会の役割・構成、独立取締役、取締役会における委員会、取締役および業務執行役員の報酬などである。取締役会の役割・機能に関する項目(1.1)では、ボードはそのメンバー構成の如何にかかわらず、株主全体を代表する“collegial”な会議体でなければならないこと、常に会社の利益のために行動することが求められる旨を規定している。ここでcollegialとは、「同僚間に平等に与えられた権限(権威)を特徴とする」との意である。また、取締役会メンバーの多様性への考慮を強調しており、なかでも女性の登用についてはその比率を具体的に示して提言している(6.3)。すなわち、コードにおける本勧告または上場の日(いずれかのうち遅いほうの時点)から3年以内に少なくとも20%、6年以内に少なくとも40%にしなければならないとする。また、コードは、取締役会と市場との関係という項目(2.1)を設けており、そのなかでコミュニケーションのあり方について、選択的な開示は好ましくなく、関係者に同時に同内容の情報が利用可能となるプレスリリースの方法を通常の開示手段とすべきであると述べている。

フランスのコーポレートガバナンスにおける特色として、

① 法制上、経営機構の設計に際して選択肢があり、相応の柔軟性があること(コードも取締役会議長とCEOの分離を含めて

３つの選択肢があることを明記している）

② コーポレートガバナンスについて外国投資家の働きかけの役割が大きく、また英米の動向の影響も少なくないこと

③ コーポレートガバナンスの論議を重ねるごとに独立取締役の比率の引上げが提言されてきていること

④ 取締役会メンバーの多様性（女性比率の引上げを含む）が重視されていること

⑤ コーポレートガバナンスの論議のなかで経営者によって構成される委員会が重要な役割を果たしてきたこと

があげられよう。

フランスにおける会社法制の変遷やコーポレートガバナンスに対するアプローチの方法は、わが国にも示唆するところが少なくないように思われる。

第3章 イギリスのコーポレートガバナンス

イギリスにおける17世紀以降の株式会社の発展は国際的にも大きな影響を与えてきた。19世紀半ばの準則主義への移行と有限責任制の採用によって今日の会社法に近い法制になった。2006年に会社法の全面的な改正が行われたが、その改正内容と背景にある考え方は参考になる点が少なくない。1992年にキャドベリー委員会が設置されたが、これは企業不祥事を契機とするものであった。同委員会報告書にまとめられた考え方は、その後の統合規範やUKコーポレートガバナンス・コードへの展開も含め、今日に至る各国のコーポレートガバナンスの論議をリードするものであると評価されている。

1 会社法

(1) 株式会社法の歴史

イギリスの東インド会社がエリザベス女王の特許状によって設立されたのは、1600年12月31日のことであった。1599年秋から設立準備が進められたが、特許状の交付に至ったのは翌年の年末であり、スペインとの和平交渉が考慮されたものであるという（大隅健一郎『新版　株式会社法変遷論』（有斐閣、1987）p.30）。当初の段階では東インド会社のメンバーは各自で貿易を行い、航海ごとに清算が行われた。1610年代に入ると、全メンバーの出資により構成され相応の継続性をもつ合本（ジョイント・ストック）の仕組みがとられるようになった。

一方、オランダで連邦議会の特許状により東インド会社が設立されたのは1602年であった。一般に近代株式会社の起源はこの会社であるとする見解が有力であるが、イギリスの東インド会社とする見解もあるようである。いずれにしても、ほぼ同時期に近代株式会社の初期形態が整い始めたとみられる。また、やや遅れてフランスでも1620年代以降国王の特許状による株式会社の設立がみられ、その後のフランスにおける展開は株式会社制度の発達に大きな影響を与えたという。1807年のフランス商法典のなかに置かれた条文は、「株式会社に関する世界最初の一般的立法」であるとされる（大隅前掲 p.48）。

イギリスでは、株式会社の設立には長らく国王の特許状または議会の個別法が必要であった。南海会社（South Sea Company）をめぐる大規模な投機とその崩壊（1720年）は各方面に深刻な影響を及ぼし、株式会社の設立に対して慎重な態度が続いた。その後、19世紀の半ばに準則主義、すなわち一定の要件を満たせば登録により設立を可能とする法制に移行した。1844年法（２段階の登録を要する）がその第一歩であり、同法の成立にはW. グラッドストーン（Board of Tradeのトップ。後に首相）の貢献が大であったという。

1844年法では有限責任は認められなかったが、そのことの是非をめぐって激しい論争が展開された。一部の会社に対しては、国王の特許状や個別法で株主の有限責任が認められ、特に大資本を必要とする鉄道会社において社員（株主）の有限責任を認めることに異論はなかった（大隅前掲 p.80）が、準則主義のもとでこれを一般化することの是非をめぐっての論争である。「地位を確立した製造業者（それらの大半はロンドンよりも離れていたところに拠点を置いていた）は、新しい仕組み（有限責任）には反対の態度であった。ウォルター・バジョットによれば、金持ちも同様の意見であり、有限責任は貧しい者に最も有利な仕組みであると考えていた。」（J. Micklethwait / A. Woolridge, The Company（2003）p.49）。1854年に開催された「商法改正に関する王立委員会」では70人の供述人から意見を聞いたが、その意見は賛否両論に大きく分かれた（大隅前掲 p.81）。

しかし、有限責任を許容しないのはそれ自体として反自由主義的であるという反論や、有限責任を認めないと外国にビジネス機会が流出してしまうのではないかという政府の懸念などから、1855年に有限責任法が制定された。ただし、公示や資本の充実などに関するさまざまな規制が設けられた。

その後、1856年法（1段階の登録）が制定され、有限責任法における資本の制約条件を撤廃して一般的に株式会社の有限責任が許容された。1856年法の立法に際しては、ロバート・ロウ（イギリスの政治家。グラッドストーン内閣の閣僚などを歴任。教育改革での役割で知られる）の働きが大きかったという。「もし「現代会社法の父」の名に値する者がいるとしたら、それはロウである。」とされる（Micklethwait / Woolridge前掲 p.51）。

その後、1862年会社法によって関係法の統合が行われ、同法をもってイギリスの株式会社に関する一般的立法の最初の完成をみることになった。同法は、フランスの1863・1867年の立法に本質的な影響を与え、ひいては間接的に大陸諸国の立法の重要な法源ともなった（大隅前掲 p.83）。

以上のような経緯をたどり、イギリスでは19世紀の半ば過ぎに今日の会社法に近いかたちの法制が形成された。イギリスにおける会社法の歴史については、文中に引用した文献のほか、大塚久雄「株式会社発生史論」（『大塚久雄著作集第1巻』岩波書店、1969）、L. C. B. Gower / P. Davies, Gower's Principles of Modern Company Law（6th edition, 1997）による。

(2) 機関の間の権限分配

現行の会社法は、2006年11月に制定された（以下「2006年法」という）。2006年法は、1300条の条文と付属別表などから構成され、「おそらくこれまで議会を通過した最も長い法律である」（Mayson, French & Ryan on Company Law（25th edition, 2008）p.11）といわれる。2006年法の特色は、従前の会社法が大規模な公開会社を念頭に置いた規整のスタイルになっていたのに対し、小規模の私会社についての規定を出発点とするという考え方に基づき立法されたことである。この“think small first”のアプローチは、現在ではイギリスだけでなくヨーロッパにおいて共通の傾向であるとされる（B. Hannigan, Company Law（2nd edition, 2009）p.31）。なお、ここでは、一般の例にならいpublic companyを公開会社、private companyを私会社という。公開会社とするか、私会社とするかは、登録の際の選択によるが、私会社として設立し、その後に再登録によって公開会社となることが可能である（逆の場合も可）。公開会社でなければ公衆一般から証券（株式、社債など）を募集することはできない。ただし、公開会社であっても実際に証券を公募したことがあるとは限らず、証券の公募実績のない公開会社の数のほうがかなり多い（P. Davies, Introduction to Company Law（2nd edition, 2010）p.16）。また、株式を公募したとしても、それを上場するとは限らない。公開会社は、商号にその旨（plcの略称も可）を表示することが必要である。また、quoted companyとunquoted companyという区分もある。前者は、上場会社よりもやや広い概念で、後者に比べて情報開示などの面で規律が強化されている。

株式会社には株主総会、取締役（会）が置かれるが、イギリスの会社法は伝統的に機関の間の権限分配などの会社内部の問題については各会社の定款に委ねるという態度をとってきており、2006年法も同様である。2006年法に基づき国務大臣にモデル定款の策定権限があり、会社の類型により３種類が定められているが、このうち実際に重要なのは公開会社のモデル定款と私会社（株式会社）のモデル定款である（他の１つは私会社（保証有限責任会社）である）。モデル定款は、1856年までさかのぼることができるという（Davies前掲 p.15）。

上場会社の場合は、UKコーポレートガバナンス・コード（以下「コード」という。制定の経緯などについて後述参照）の役割が大きい。2006年法においても取締役会（ボード）に関する規定は置かれず、機関の間の権限分配（株主とボードとの間、ボードとシニア・マネジメントとの間など）は、定款にどのような定めを置くかというかたちで株主の判断に委ねられている。少なくとも上場会社の場合において、取締役やボードについて当事者（取締役、株主）に任せたままの姿勢でよいのかという問題意識は徐々に強まりつつあるようであるが、これまでのところはこの問題は会社法ではなくコードで規定されている（Davies前掲 p.13）。このように機関の間の権限分配が定款で定められており、株主は定款の変更案を自ら株主総会に提出しようるから、イギリスの法制のもとではアメリカ法やドイツ法の場合と比べて株主の力が強いとされる（Davies前掲 p.17, p. 109）。

2006年法は、取締役の数について公開会社は2人以上、私会社は1人以上と定める。法人も取締役になることができるが、取締役のうち少なくとも1名は自然人でなければならない。取締役の選任プロセスは定款の定めによる。モデル定款（公開会社）によれば、株主総会普通決議または取締役の決定により選任される。後者の場合、任期は次の年次総会までであり、前者の場合は先立つ2回の年次総会決議で選任されたのでない限り任期が到来する（いずれも再任可）。コードは、FTSE350（時価総額350位以上の会社で構成される株式指標）の会社の取締役は、毎年、再任手続が必要であり、小規模上場会社は3年以内の間隔とすべきであるとしている（2010年改定）。取締役の解任は、いつでも株主総会の普通決議により可能である（2006年法）。

(3) 取締役会の役割と構成

取締役会（ボード）についての規定は2006年法には置かれていないが、コードは、「会社は、効果的なボードによって率いられるべきであり、ボードは全体として会社の長期的な成功に対して責任を負う。」とし、あわせて「ボードの役割は、リスクの評価と管理が可能となる慎重で効果的なコントロールの枠組みのもとで、企業家的なリーダーシップを提供することである。」と述べる。ボードの役割は、リーダーシップとコントロールにあるという趣旨である。また、「ボードは、会社の戦略的な目標を定め、その達成のために必要な財務的および人的な経営資源を確保し、経営陣のパフォーマンスをリビューする。ボードは、会社のバリューや基準を定め、株主やその他の者に対する義務が理解され、充足されるようにしなければならない。」とする。

2006年法は、業務執行取締役と非業務執行取締役（non-executive director）の区別に特に言及していないが、コードは独立性を有する非業務執行取締役の役割を重視し、取締役（議長を除く）の半数以上を占めるべきであるとする（小規模上場会社では２名以上）。独立性の判断は取締役会が行い、年次報告書に記載することが求められる。コードは、過去５年間の会社・グループとの雇用関係、過去３年間における会社との重要なビジネス上の関係、会社のアドバイザー・取締役・上級職員との間の近い家族関係、主要な株主を代表すること、９年を超える取締役在任期間などの７項目を列挙し、かかる状況のいずれかに該当するにもかかわらず会社が独立と判断する場合には、その理由を記載しなければならないとする。

コードは、取締役会議長と業務執行の責任者である社長（chief executive）の役割は同一人が担うべきではないとするとともに、取締役会議長はその任命時において独立性の要件を満たすべきであるとする。これは、社長の独走・暴走を防止するために、ボードのなかに社長を牽制する存在が必要という考え方に基づくものである。コードは、取締役会のなかに委員会

（監査委員会、指名委員会、報酬委員会など）を設置すべきであるとしており、その構成やメンバーに求められる経験などを規定している。

⑷　取締役の一般的義務

2006年法の特色の１つは、取締役の一般的な義務について規定を置いたことである。1996年のLaw Commissionの勧告に基づくもので、そこでは取締役の義務について成文化すべきこと、ただしその内容について従来の判例によって形成されてきた法の内容に変更を加えるべきではないことがうたわれていた。政府は、既往の判例法における取締役の義務の内容は一般の人にとって容易にはアクセスできないものであるという判断を有していたとされ、制定法による規定が必要という考え方であった。成文化により自らの義務に対する取締役の自覚を促そうとするものである。このような取締役の義務の成文化の必要性は、1962年のジェンキンス委員会報告書や1977年のブロック委員会の多数意見報告書（後述）のなかでも提唱されていた。

成文化の提案に対しては、これまで判例法において確立されてきた考え方に影響を及ぼすなどの反対論が少なくなく、ワーディングに対しても多くの論議があったが、最終的には規定が置かれることとなった。170〜177条および178〜181条の補充的な規定である。

172条において会社の成功を推進する取締役の義務が規定された。取締役は、社員（株主）全体のために会社の成功を最も

推進すると彼が誠実に考える方法で行為しなければならず、その際には、

① 当該意思決定の長期的な結果

② 会社の従業員の利益

③ 会社の取引先・顧客とのビジネス関係促進の必要性

④ 会社の事業が地域社会や環境に及ぼすインパクト

⑤ 企業行動の高い水準に関するレピュテーションの維持が望ましいこと

⑥ 会社の社員（株主）間におけると同じように公正に行為することの必要性

という6点を他の事項とともに顧慮しなければならない（172条1項）。株主の利益を促進するために最善の方法をとらなければならないが、その際に他のステークホルダーの利益を顧慮しなければならないとするものである。「会社の成功を推進する義務は、取締役が負う最も基本的な忠実義務（loyalty duties）の現代版である。」といわれる（序章のGower and Davies'前掲p.540）。株主を第1とするアプローチであり、株主の利益とほかのステークホルダーの利益のバランスをとるという位置づけではない（同上）とされている。ただ、同列的な位置づけではないにしても、他のステークホルダーの利益を顧慮することが特記されていることの実際的な意義は小さくないように思われる。多くの場合において、取締役（会）が誠実に判断し、自己または第三者の利益ではなく会社の最善の利益のために行為したのであれば、ステークホルダーの間のバランスのとり方は取

締役（会）に委ねられていると考えてよいであろう。

このほか、

① 会社の目的の範囲内で行為する義務

② 独立の判断を行使する義務

③ 合理的な注意（reasonable care）・熟練（skill）・勤勉（diligence）を行使する義務

④ 利益相反（可能性がある場合を含む）を回避する義務（他の取締役によって承認された場合などを除く）

⑤ 第三者からの利益供与を受領しない義務

⑥ 会社との取引または取決めにおける利益を開示する義務

がそれぞれの条文（171条、173～177条）において規定された。これらの取締役の義務は、いずれも会社に対してのものである。

上記の一般的な義務は、取締役に関するコモンローのルールとエクイティ（衡平）の原理（common law rules and equitable principles）に基礎を置き、これらの代わりの効果を有する（170条3項）。かかる一般的な義務は、コモンローのルールとエクイティの原理と同様に解釈・適用されなければならず、これらの規定の解釈と適用にあたっては対応するコモンローのルールまたはエクイティの原理に顧慮が払われなければならない（同条4項）として、従来の判例法理に変更を加えるものではない旨が明記された。なお、こうした確認的な規定が置かれてはいるものの、「各条項で規定される事項の相互の関係は複雑であり、将来、その解釈についてむずかしい問題が起こりうる。」（Hannigan前掲 p.172）と指摘されている。また、会社法上の規定は、抽象的な文言によるものであるから、現実の事案の解決にあたっては裁判所の解釈に委ねられている部分が多く、判例の意義は変わらないとされる（Davies前掲 p.147）。

2 コーポレートガバナンス

イギリスにおけるコーポレートガバナンスの議論は、現在に至るこの問題の国際的な展開のなかで重要な役割を果たしてきている。なかでも1992年に公表されたキャドベリー委員会報告書は国際的にも支持を集め、各国（特にヨーロッパ）の会社法制やコーポレートガバナンス・コードに少なからぬ影響を与えた。

(1) 従業員の経営参加問題

戦後のイギリスでコーポレートガバナンスの問題が意識された出来事の１つとして、まず1970年代に労働党政権のもとで従業員の経営参加がテーマになったことがあげられる（ただし、当時においてコーポレートガバナンスの呼称のもとに議論されたわけではない)。慢性的な労働紛争などの問題に対処するため、産業民主主義（industrial democracy）が提唱された。会社法の根本改正を含む産業民主主義法の制定が労働党の政策の１つとして掲げられた。1974年２月の総選挙の勝利を受けて労働党内閣（ウィルソン首相）が成立し、その後、会社法の調和のためのEEC委員会の第５指令ドラフト（500人以上の従業員を有するすべての公開会社は二元的な経営機構を採用し、その監査役会に従業員代表を出すというもの）が直接の契機となってA. ブロック卿を委員長とする産業民主主義に関する調査委員会が設置された（1975年12月）。これがブロック委員会と呼ばれるもので、経営者代表・労組代表・学識経験者各３名によって構成された。同委員会は、「産業民主主義」という多義的な名称を冠するものであったが、その課題（付託事項）は取締役会における従業員の参加の方法を検討するというものであった。付託事項はこのように限定された内容であり、従業員の経営参加が望ましいものかどうかといった基本的なテーマは含まれていなかった。

ブロック委員会は、１年以内に報告書をまとめるよう政府から要請され、タイトなスケジュールのなかで、TUC（英国労働組合会議）の本問題に関する提案（1974年に報告書を公表し、二層構造の経営構造と業務監査取締役会のメンバーの半数を労働者代表とすることを提案）の検討、欧州各国の実情の調査・研究、公聴会の開催（８回）などを行い、報告書を公表した（1977年１月）。委員会は、意見の集約を行うことができなかったため、報告書は多数意見報告書（委員長、労働組合代表委員、学識経験者の計７名が署名。ただし、従業員代表の方式につき１名が反対）と少数意見報告書（経営者代表委員３名が署名）に分かれた。

多数意見としては、二元的な経営機構（二層構造）ではなくイギリスの従前からの一元的取締役会（単層構造）の制度を選択すべきであるとし、従業員2000人以上の株式会社について株主選任の取締役と同数の従業員代表取締役を選任し、そのほか第３グループの取締役（取締役総数の３分の１よりも少ない、３

人以上の奇数）を選任する案を提示した。「２Ｘ＋Ｙ」の方式といわれるもので、ここでＸは株主代表・従業員代表の数、Ｙは第３グループの数である。この方式によれば取締役の最低員数は11人となる。第３グループの取締役は、株主代表・従業員代表のそれぞれの過半数の合意をもって共同選出されるものとし、その選出について合意が得られなかったときは独立の調停機関である産業民主主義委員会が任命する。第３グループの取締役の選出基準は、中立性または独立性ではなく、その者（社内または社外）が取締役会にもたらしうる専門的知識および経験に求められるべきであるとされ、会社の業務について幅広い見解をもつ人々が取締役会に参加することを可能にするものであるとされた。多数意見報告書は、この点について「それらの取締役を選ぶ最も重要な基準は、その者が取締役会にもたらしうる実際的知識および経験であるべきであり、中立性または独立性といった実体のない特質であるべきではない。」と述べる（川内後掲『商事法務』No.770 p.28）。また、第３グループの取締役は、株主選任取締役と従業員選任取締役が賛否同数の状況になったときに、デッドロックを回避する役割を有することになる。議長は株主側が選任するが、取締役全員が全員一致で他の２つのグループのいずれかから議長を出すことに合意したときはそれによる。

一元的取締役会を選択すべきであるとする理由としては、

① 二元制をすべての会社に適用しない限り会社法が２つの別個の機関構造を規定することになること

② 二元制はイギリス会社法の柔軟性ある伝統と慣行に反し、硬直性を会社に強制することになること（イギリスでは取締役会の役割を会社自らが定めることを会社に委ねてきた）

③ 監督と業務執行という職務権限の明確な区別は事実上不可能であること

があげられている。また、フランスで1966年改正により二層構造の選択が可能になった後、その方式を採用した企業はわずかであったことも指摘されている。多数意見報告書にはこのような理由があげられているが、実際には従業員選任取締役が実質的にどれほど影響力を行使しうるかという観点から、多数意見において一元的な取締役会の経営機構が選択されたものとみられる。このほか多数意見では、取締役会の固有の職務権限を法定すべきであり、それに属する事項の決定はシニア・マネジメントに委任しえないものとすべきであるとする。また、取締役の一般的な義務について「一部は会社法自体に定められているとはいえ、大部分の義務および責任が複雑な判例法によって定められている」とし、これを制定法により明確に規定すべきであるとしたことも注目される。

一方、少数意見報告書では、二元的な取締役会の構造、すなわち既往の取締役会に加えてsupervisory board、すなわち監査・監督のためのボード（以下「監査・監督ボード」という）を設けること、従業員の参加は監査・監督ボードに限定すべきであると主張した。監査・監督ボードは、株主選出、従業員選出および独立のメンバーから構成され、3グループは同数とし、従業員選出メンバーのうち少なくとも1人は管理部門から選出されなければならないとした。また、独立メンバーは、株主選出メンバー・従業員選出メンバーの合計の3分の2以上の多数で選出される。議長は、株主選出メンバーのなかから選任され、キャスティング・ボートをもつ。このように、ブロック委員会の少数意見は、従業員の経営参加に対して全面的に反対という姿勢をとるのではなく、二元的経営構造のもとでの従業員参加を提唱した。

ブロック委員会報告書が公表されると激しい論争が巻き起こった。委員会の多数意見に対して企業サイドは強硬な反対を表明し、また各方面（消費者グループを含む）から従業員の経営参加に対して反対もしくは消極的な意見が表明された。TUCは多数意見を支持したが、労働組合組織のなかには、ボードレベルにおける経営参加ではなく伝統的な団体交渉の方式が労働者側の要求を達成する方法として適しているという見解を表明するものがあった。この点に関し、ブロック委員会の多数意見報告書のなかでも、委員会の審議の過程で、労働組合側から団体交渉における労働側の役割とボードレベルにおける従業員代表制とが矛盾するかもしれないという懸念が表明された旨が述べられている。このように大きな反響があったが、この報告書の内容が近い将来に法制化される可能性は低いという見方が拡がるにつれて次第に論争は沈静化した。

1978年5月、労働党政府は、従業員の経営参加に関して「産業民主主義」と題する白書を公表した。そこでは、二元的な経営機構、すなわち政策決定取締役会（policy board）と業務執行取締役会（management board）の方式が、従業員代表制とはかかわりなく、一元的な取締役会よりも優れているとした。業務執行取締役会は、会社の日常的な業務執行の裁量を付与される機関であり、政策決定取締役会の全般的な監督とコントロールに従って会社の経営に責任を負う。従業員代表制の導入の場合にも、二元制のほうが適しているとする。ただし、二元制の方式を採用するかどうかは会社の選択に委ねられ、従前からの一元制の維持も可能であるとする。

また、従業員500人以上の会社は、投資計画、合併、公開買付けなど、従業員に影響を及ぼす重要な提案について、従業員代表と事前に協議すべきであり、これを法定の義務とすることを提案する。取締役会レベルの従業員代表制としては、政策決定取締役会に従業員代表が株主代表とともに参加すべきであり、これは当事者間の任意の交渉により達成される。会社と従業員との間で合意に達しないときは、従業員2000人以上の会社の従業員はその権利を制定法に基づき主張することができるようにすべきであるとした。取締役会レベルの従業員代表制を法により実施するまでに、3年または4年の過渡期間が設けられる。取締役会における従業員代表の比率は、究極的には対等（parity）であることを排除しないが、産業民主主義は段階的に進められるべきであるとして、最初のステップとしては3分の1とすることが合理的であるとした。以上が政府白書の概要であるが、政府白書は制定法よりも当事者の合意に重点を置いたものになっているという評価がある（Davies 1978後掲）。

その後の保守党政権への交代（1979年5月）によって、従業員の経営参加のテーマは下火になったが、ブロック委員会報告書と政府白書は、従業員の経営参加の方式について検討するとともに、取締役会のあり方やその法的な枠組みについてもいろいろと分析しており、従業員の経営参加の是非は別として、現在におけるコーポレートガバナンスの問題を考えるうえで参考になる内容を含むものとなっている。なお、「産業民主主義」といっても、ブロック委員会の議論の対象となったのは、すべてのステークホルダーの利益の調整ではなく、従業員と株主の利益のみが会社内部において調整されるべきものであるとされた（Kahn-Freund後掲）ことに留意を要する。ブロック委員会報告書と政府白書については、主として、川内克忠『英米会社法とコーポレート・ガバナンスの課題』（成文堂、2009）所収の論文、川内克忠「イギリスにおける労働者の経営参加構想―産業民主主義調査委員会報告書の概要―(1)〜(5)」（『商事法務』No.764、766、767、768、770）、P. Davies, “The Bullock Report and Employee Participation in Corporate Planning in the UK”（1978（1979年3月追補））、Sir Otto Kahn-Freund, “Industrial Democracy”（1977）、P. Davies / Wedderburn of Charlton, “The Land of Industrial Democracy”（1977）に依拠した。

(2) キャドベリー委員会

1980年代後半以降のたびたびの企業不祥事・経営破綻は大き

な問題となった。こうした状況に対処するため、A. キャドベリー卿を委員長とする委員会が、財務報告評議会（FRC）・ロンドン証券取引所・会計専門職業団体によって設置された（1991年5月）。メンバー（順不同）は、企業経営者（英国産業連盟、取締役協会、財務担当取締役会）、取引所、FRC、機関投資家、イングランド銀行アドバイザー、学者、会計専門家、法律家など、各方面から選任された。政府は、産業に対する伝統的な態度を反映して、この問題に直接的に関与することには慎重な姿勢であった。「1980年代後半にスキャンダルが相次ぎ、何かがなされなければならないという気運が強まった。それでも、政府はこの問題を民間―キャドベリー委員会―に委ね、せいぜい委員会への事務局スタッフの派遣にとどめたのである。同委員会の報告書とコードが大方の好感をもって迎えられたことは（政府にとって）胸をなでおろす結果であった。」（J. Charkham, Keeping Better Company（2008）p.297。なお、著者のCharkhamはキャドベリー委員会のメンバー）。続発する企業の経営破綻により財務報告に対する信頼性低下が問題となり本委員会の設置に至ったが、その1つであるポリー・ペック・インターナショナル社の事件は、「非業務執行取締役が、確信をもち強力な社長をコントロールすることを期待するのは、いかに非現実的であることを示すものである。」（Mayson, French & Ryan on Company Law（28th edition, 2011）p.433）といわれるものであった。

キャドベリー委員会の中心的な問題意識は、業務執行責任者である社長（chief executive）という1人の人間が会社において支配的な力を有していることに多くの問題の原因があり、そのような状態が生じないように取締役会（ボード）の構成を工夫し、その実効性を回復することが必要であるというものである。こうして独立性を有する非業務執行取締役（independent non-executive director）の役割の重視、取締役会議長と業務執行責任者の分離原則の提言に至る。加えて、取締役会内に委員会（指名委員会、監査委員会、報酬委員会）を設置すべきこと、取締役の報酬開示、機関投資家の積極的な関与などを提言した。また、「本委員会の提言は、一元的な取締役会制度の強化とその有効性の増大を意図しており、かかる制度の変更は意図していない」として、二層構造の経営機構からは距離を置く姿勢を示した。機関株主（institutional shareholders）の役割については、

① 機関株主は、戦略、業績、取締役会の構成員および経営の質に関する意見および情報を交換するために上級経営者レベルで定期的・組織的な接触を積極的に図るべきである

② 機関投資家は、正当な理由がある場合を除き、議決権を積極的に行使しなければならない

③ 機関投資家は、取締役の構成に積極的な関心（特に、チェック・アンド・バランスの観点から）を示さなければならない

と述べる。

キャドベリー委員会報告書（1992年）は「最善の行動規範」（Code of Best Practice）を含むものであり、ロンドン証券取引

所のメインマーケットに上場する会社は、上場規則により、この行動規範の条項に適合していない場合にはその旨および理由を年次報告書において説明しなければならないという開示義務を課せられることになった。これが「遵守せよ、さもなくば説明せよ」（comply or explain）であり、規範からの乖離が適切かどうかは株主・投資家に判断を委ねるという考え方である。会社の負う義務は開示義務であり（規範の遵守義務ではない）、これに違反すれば上場規則違反のペナルティがある。このcomply or explainの義務が、会社が負う唯一の“hard”な義務である（Davies 2010前掲 p.200）。仮に、規範の条項からの乖離が経営の判断としては適切でないとしても、それが十分に説明されている限り、会社は義務違反にはならない。このアプローチは、個々の企業の状況に対応しうる柔軟性を有するものとして、経営者・投資家の双方から広く歓迎された。「イギリスにおけるコーポレートガバナンスの動きは、1992年のキャドベリー委員会の報告書から始まったということができるであろう。」（Gower and Davies'前掲 p.424）、「キャドベリー報告とその行動規範は、その後の欧州におけるコーポレートガバナンスの論議における焦点（focal point）を提供するものであった。」（同 p.377）と評されている。

一部の民営化企業における業績と無関係な経営陣の高額報酬に対する世論の批判の高まりを受けて、グリーンベリー委員会が設置された。その報告書（1995年）は、報酬委員会の設置（独立性を有する非業務執行取締役によって構成。少なくとも 3

名。小規模企業の場合は少なくとも2名)、取締役の報酬に関する情報開示の改善、報酬委員会委員長が株主総会に出席し、株主からの質問に答えるべきことなどを提言した。

(3) ハンペル委員会

これらの委員会の後継委員会がハンペル委員会(1995年発足)である。両委員会の勧告を受けて設置され、両委員会の結論の履行状況を検討するものであり、ロンドン証券取引所、英国産業連盟(CBI)、取締役協会、会計専門職業団体の諮問委員会、全国年金基金連合会、英国保険協会が本委員会の後援団体である。ただし、両委員会と異なりスキャンダル発生や世論の批判を受けて設置されたものではない。ハンペル委員会の中間報告(1997年8月)の段階では、キャドベリー委員会報告書が経営者の裁量を制限するものであったことからその修正を図るという姿勢もみられ論議を呼んだが、最終報告書(1998年1月)は従前の委員会の考え方を基本的に支持するものとなった。このような経緯をたどったことから、「経営者は、ハンペル委員会においてキャドベリー委員会における譲歩を取り戻そうと試みたが、失敗に終わった(failed attempt)とみることもできる。」といわれる(Gower and Davies'前掲 p.425)。とはいえ、コーポレートガバナンスにおいて企業の繁栄という要素を考慮する必要があるとする第1章冒頭の文章(本書序章参照)には、同委員会の基本的な姿勢がそれなりに反映されているとみられよう。

ハンペル委員会報告書から若干引用すると、「本委員会は、「企業を方向づけて統制するシステム」というキャドベリー委員会のコーポレートガバナンスの定義を受け入れている。」「「記入欄をチェックする方式」(box ticking) は、企業間および同一企業内の期間ごとの環境と経験の多様性を考慮していない。」「健全なコーポレートガバナンスの真の保護手段は、経験豊富で適格性を有する個人—業務執行取締役、非業務執行取締役、株主および監査人—が情報に精通して、独立した判断をくだすことにある。」「取締役と株主との関係は、取締役と他の利害関係者との関係とは異なる。……取締役は、取締役会として、利害関係者との関係に責任を負っているが、株主に対しては、アカウンタビリティを負っている。」(下線は原文におけるもの)「本委員会は、非業務執行取締役は戦略機能と監視機能の双方をもつべきであるということに対しては、一般的な承認があることを見出した。……非業務執行取締役は、業務執行取締役が尊敬するに値すべき者であり、また、企業の利益を促進するために団結力あるチームとして、業務執行取締役とともに仕事に就くことができるようにすべきである。」「本委員会は、非業務執行取締役が取締役会の3分の1未満である場合には、彼らが効果的な役割を果たすことは困難であると考えている。」「イギリスでは、一元的な取締役会に対して圧倒的な支持があり、二元的構造に対しては、ほとんど支持がない。」。これらの指摘は、ボードや非業務執行取締役の役割を考えるうえで参考になろう。

ハンペル委員会報告書は、コーポレートガバナンス全般に取り組んだ報告書であり、またその向上が企業の繁栄につながる面があることを指摘した。ハンペル委員会報告書は各委員会の行動規範の統合を提言しており、これを受けて統合規範（the Combined Code）が策定された（1998年6月）。「ハンペル委員会の主たる貢献は、キャドベリー委員会、グリーンベリー委員会の推奨、そしてハンペル委員会で洗練された推奨が統合規範にまとめられるべきであると提唱したことであり、そして実際にそれは実現した。」といわれる（Gower and Davies'前掲 p.425）。ハンペル委員会報告書では内部統制システムの重要性が指摘されているが、1999年9月には内部統制システムに関し、「内部統制：統合規範における取締役に対するガイダンス（ターンブル・ガイダンス）」が公表された。その後、2005年10月に見直しが行われ、「内部統制：統合規範における取締役に対する改定ガイダンス」が公表された。現在も、この改定後のガイダンスが、UKコーポレートガバナンス・コードの原理に適用のある関連ガイダンスの1つとして位置づけられている。上記のハンペル委員会報告書の邦訳は、八田進二・橋本尚共訳『英国のコーポレートガバナンス』（白桃書房、2000）による（なお、訳語の一部を調整した）。

(4) ヒッグス報告書と統合規範の改定

アメリカのエンロン事件（2001年秋）は全世界に衝撃を与えるものであった。コーポレートガバナンスの状況をチェックするため、イギリス政府はD. ヒッグスにリビューを委嘱した。「アメリカ企業（多国籍であるとはいえ）の崩壊が国内法（引用者注：イギリス国内法）の有効性に対する調査の引き金となったという最初の出来事であったといえる。」（Gower and Davies' Principles of Modern Company Law（7th edition, 2003））。キャドベリー委員会をはじめ従前の各委員会が民間によって設置されたのとは異なり、今回は政府の委嘱によるものであったことが注目される。また、ヒッグス報告書と同時に、監査委員会の役割についてリビューしたスミス委員会の報告書が公表された。スミス委員会は、政府の要請によりFRCが設置したものである。

ヒッグス報告書（2003年１月）は、「非業務執行取締役（non-executive director）の役割と実効性についてのリビュー」と題する長文のリポート（付属文書を含む）であり、取締役会と非業務執行取締役のあり方に焦点を当てたものである。ヒッグス報告書は、冒頭の財務大臣および通商産業大臣宛てのレターで、「キャドベリー委員会の築いた基礎のおかげでイギリスのコーポレートガバナンスの基礎は基本的に健全である。統合規範のcomply or explainの思想は、イギリスの国外にさらに浸透している。」と評価し、そして法律によって経営行動を規律することの限界を指摘した。ヒッグス報告書は、統合規範の改定に関する多くの提言をしているが、そのなかのいくつかを記すと、

① 取締役会（ボード）において独立性を有する非業務執行取締役（以下「独立非業務執行取締役」という）が議長を除いて

半数以上を占めるべきである。また、ボードは全体としてよく情報を与えられる必要があり、業務執行取締役が1人とかきわめて少数の場合はボード内の情報フローが不足する懸念があるため、業務執行側の強力な参加が望まれる

② 取締役会議長と業務執行責任者（chief executive）は分離されるべきであり、またchief executiveは同一会社の取締役会議長に就任すべきではない

③ 独立非業務執行取締役における独立性の定義の見直し（明確化）

④ 非業務執行取締役の選任手続の見直しと指名委員会の構成（指名委員会は独立非業務執行取締役が過半数。取締役会議長は委員会メンバーになりうるが委員長は独立非業務執行取締役が就任すべきである）

⑤ 取締役会および関連する委員会のパフォーマンス評価の実施とその結果の開示

⑥ 非業務執行取締役の任期（通常は3年の任期を2回が望ましい、その就任に際しては十分な時間を割くことができることを確認すべきである）

⑦ 非業務執行取締役の報酬

⑧ 委員会の役割・構成（報酬委員会は全員が独立非業務執行取締役で構成、独立非業務執行取締役は同時に3つの委員会のメンバーとなることは不可）

⑨ 機関投資家との対話の重要性とその際の非業務執行取締役の役割

などである。

ヒッグス報告書に対しては、「取締役会の会議体性を強調し、業務執行役員と非業務執行取締役が同じ責任を負うという単一構造の利点を強調している。」という指摘がある（第2章のビサラ前掲『フランスにおけるコーポレート・ガヴァナンス(下)』p.717）。また、ヒッグス報告書は「キャドベリー委員会の基礎の上に立った漸進的な性格のものである」と評価された（Davies 2006後掲）。また、ヒッグス報告書において、非業務執行取締役は引き続き経営に対して重要な役割を果たすとされているが、この点について経営陣の監視・監督に徹するべきであるという批判的見解もあった。

ヒッグス報告書に対する企業サイドの当初の反応は「強烈な抵抗」であった（Davies 2006後掲）。産業界は、その提案は円滑な経営活動を阻害する、統合規範に詳細すぎる規定が置かれることになる懸念があるなどとしてきわめて批判的であった。しかしながら、政府はヒッグス報告書を支持する姿勢を明確化し、企業サイドもあくまで反対すると法制化（統合規範の内容を会社法に規定）に至るかもしれないという懸念から次第に反対論は沈静化した（Davies 2006後掲）。

ヒッグス報告書やスミス報告書の提言を修正して織り込むかたちで統合規範の改定が行われ（2003年7月）、その後も2～3年に1度のペースで改定が行われた。2006年会社法の制定に際して、統合規範の位置づけの変更（内容の法制化など）は行われなかった。ヒッグス報告書の評価については、主として、

「英国におけるヒッグス報告書の評価と今後のコーポレート・ガバナンスの行方」(『商事法務』No.1666)、P. Davies, "Enron and Corporate Governance Reform in the UK and the European Community" (J. Armour / J. A. McCahery, After Enron (2006) 所収) に依拠した。

(5) UKコーポレートガバナンス・コード

2010年6月には、内容の改定とともにコードの名称が従前の統合規範から「UKコーポレートガバナンス・コード」に改められた(同年6月29日以降に開始する事業年度に適用)。その趣旨は、外国の投資家や株式を英国市場に上場する企業に対して、このコードがイギリスのコーポレートガバナンスの標準であることをより明確に示すことにあると説明されている。UKコーポレートガバナンス・コードでは、序文に続いてComply or Explain (遵守せよ、さもなくば説明せよ) の部があり、その冒頭で「"comply or explain" のアプローチはイギリスのコーポレートガバナンスのトレードマークである。それは、コードの当初から機能しており、またコードの柔軟性の基礎となっている。それは、企業および株主の双方から強く支持され、国際的にも広く称賛され、模倣されてきている。」と述べられている。2010年改定後の現状のコードにおける取締役会 (ボード) の役割や構成などについては本章1(2)で前述したとおりであるが、そのほかに同年の改定のなかで注目される点としては、ボードの構成 (ジェンダーを含む) の多様化がうたわれていることである。このボードの多様化という点は、2010年の改定で初めてコードのなかに規定されたものである。また、「ジェンダー」という表現が明示的に用いられた。財務報告評議会（FRC）は、改定理由の説明において、多様性はボードの意思決定の質の向上をもたらし集団思考（group think）のリスクを軽減することになるという主張を支持すると述べる。

また、リスク管理の重要性が強調されていることであり、リスク管理と内部統制の項目では、「取締役会は、会社が戦略的目標を達成するためにとろうとするリスクの性質や限度について決定する責任がある。取締役会は、健全なリスク管理および内部統制システムを維持すべきである。」と述べたうえで、行動規範として、ボードは少なくとも年に１回、会社のリスク管理システムと内部統制システムの有効性について検証を行い、そのような検証を行ったことを株主に報告すべきであるとしている。FRCは、改定理由の説明において、振り返ってみればコードの過去のヴァージョンにおいてリスクの項目を設けなかったのは重大な欠落であったと述べている。なお、この項目に関連して、FSA規則DTR7.2.5 Rは、会社の財務報告に関する内部統制とリスク管理のシステムについてのディスクロージャーを要求している。これは、上場企業を対象とする強制的なルールであり、UKコーポレートガバナンス・コードとは異なる位置づけのものである。

このほか2010年の改定では、年次報告書において会社が長期的に価値を増加させる基礎（ビジネス・モデル）についての説明および会社の目標を達成するための戦略を説明すべきことが盛り込まれた。

現行のコードについては、FRCによって改定作業が進められている。FRCは、2011年５月以降、ボードの多様性（ジェンダーを含む）について各方面からの意見を聴取している。監査委員会に関する改定を含め、2012年10月１日以降に開始される事業年度からの適用を目指して、それらを取りまとめる予定であるとしている（FRCのホームページによる。2012年８月現在）。

第4章 アメリカのコーポレートガバナンス

アメリカでは、州が会社法を制定する。歴史的な事情もあり、今日では公開会社の過半がデラウエア州法を設立根拠法としている。1970年代には企業活動に対する不信の高まりなどからコーポレートガバナンスのあり方が重要なテーマとなった。証券取引委員会（SEC）は公聴会を開催し、ニューヨーク証券取引所は上場規則を改正して上場企業に監査委員会の設置を求めた（1977年）。今世紀初頭のエンロン事件・ワールドコム事件の勃発により2002年７月にサーベインス＝オクスレー法が制定された。証券取引所などの規則の改定により、公開会社では取締役会の過半数を独立取締役とすることとなった。

1 会社法

(1) 株式会社法の歴史

アメリカの株式会社は、州の会社法に基づき設立される。独立前の植民地時代は英国国王が設立の権限を保持しており、ごく少数の株式会社しか存在しなかった（国王の特許状または英国議会の個別法による設立）。合衆国として独立後、各州が会社設立の権限を主張し、株式会社設立の問題はそれぞれの州に任されることになった。連邦政府は、1791年にA. ハミルトン（初代財務長官）の建議に基づき連邦議会の承認を得て合衆国銀行（The Bank of United States）を設立したが、連邦政府が一般的な経済目的のために一般の事業会社を設立することができるかどうかについてはかなりの疑問があるとされた。今日でも連邦政府にも会社を設立する権限があるとされているものの、その権能はまれにしか行使されず、また公共の目的のための会社設立に限定されている（R. Hamilton, The Law of Corporations in a Nutshell（5th edition, 2000） p.62）。

アメリカにおける株式会社の歴史をみると、1800年頃までは、公共的な性格の事業（銀行、保険、運河・橋・道路の建設・運営会社など）について州の個別法に基づき設立の特許が付与された。これらの会社は州の活動の一部を担うものであるという考え方であり、特許状とともに独占権も付与されるのが通例であった。

経済活動の拡大への対応（株式会社形態の有利性への着目）、特権の付与に伴う弊害などから、会社設立を緩和する動きがみられ、1811年のニューヨーク州の立法は、限定的な内容ではあるが、最初の準則主義による会社法とされる。同法では、繊維・ガラス・金属・塗料など一定の製造業に限り適用があり、存続期間は20年、資本金についても上限が設定されるなどの制約があった。このように存続期間の定めがあり、また規模（資本金）に上限が設けられたのは、合衆国独立の前後からみられたように会社というものに対する猜疑心や警戒感の現れであるという（植民地時代のイギリスの貿易会社に対する反感など）。その後、多くの州がニューヨーク州に追随した。ペンシルベニア州は、1836年に準則主義による一般的会社法を制定した。「19世紀の半ば頃になると、各州の憲法に会社の設立に関する特許状の賦与を禁止する規定が採用された結果、多数の州において一般会社法の制定が必要になった。」（大隅後掲 p.90）。1859年には、その当時存在する38の州のうち、25の州が一般的に株式会社を設立することができるようになった（Hamilton前掲 p.63）。「1800年から1850年の間に、会社の基本的な性格は変わった。当初は、会社は一種の独占であった。それはユニークな、アドホックの創造物であった。それは、公共の財産、自然の資源、あるいはあるグループや投資家の事業機会に対して排他的な支配権を与えるものであった。……しかし、今や会社は事業を組織化するための一般的な形式になったのであり、法的にはすべての者に対して開かれ、参入や存続期間、そして経営についてほとんど実質的な制約のないものになった。法は、ある意味で、会社を民主化し、誰もが利用しうるものにしたのである。」(Friedman後掲 p.131)。イギリスで準則主義の立法が行われたのは1840年代のことである（第3章）から、準則主義による一般的会社法の制定はアメリカにおいてむしろ先行したということになる。

19世紀半ば以降、鉄道建設が盛んになるにつれ株式会社の重要性は増大し、証券取引所では鉄道株が活発に取引された。「鉄道建設が進むにつれて社債や株式の市場が広く形成され、会社の経営にほとんど関心をもたない投資家が登場し、株主と経営に当たる取締役との間の分離が明確になりはじめた。」(Dewing後掲 p.34)。ニュージャージー州は、株式会社がほかの会社の株式を保有することを認め（1888年)、持株会社が許容されることとなった（デラウエア州なども追随)。1896年には、ニュージャージー州は取締役や経営陣に広い裁量を与えるなど今日の会社法に近い会社法を制定した。デラウエア州が1899年に追随し、多くの州もニュージャージー州にならった。アメリカの株式会社法の歴史については、文中に引用した文献のほか、大隅健一郎『新版　株式会社法変遷論』（有斐閣、1987)、L. Friedman, A History of American Law（3rd edition, 2005)、A. Dewing, The Financial Policy of Corporations（Vol.I, 4th edition, 1934)、J. Cox / T. Hazen, Business Organizations

Law（3rd edition, 2011）に依拠した。

⑵ デラウエア州法へのシフト

ニュージャージー州法は、19世紀末頃には現代の法制に近いものになり多くの会社が設立根拠法を同州法にしたが、1913年、W. ウィルソン知事（後に大統領）が会社の自由度を狭める改正を行ったことから、多くの企業がデラウエア州法を設立根拠法に変更した。そして今日に至っており、デラウエア州法が多くの企業、特に大規模な公開会社（publicly held corporation）の設立根拠法となっている。アメリカの会社についてみると、公開会社の50％強、フォーチュン500社の63％がデラウエア州法を設立根拠法としている（同州ホームページ）。

アメリカでは、本社の所在地や主たる営業活動の行われている場所とは関係なく設立根拠法の選択が可能である。州の収入増を図るため、株式会社の設立または再設立を勧誘する動きが複数の州の間で強まったが、デラウエア州の優位は現在に至るまで変わりはない。同州の会社法が選択される理由として、

① その判例が会社法上の多くの問題の先例となっている

② 立法姿勢に安定性がある

③ 法的インフラが整備されている

④ 同州の衡平法裁判所（Court of Chancery）は会社法上の紛争に関し実務家法曹として豊富な経験を有する裁判官を擁しており審理もスピーディーである

などの点があげられている。

また、デラウエア州の衡平法裁判所の多くの裁判官は、企業法務弁護士としての実務経験が豊富であり、同裁判所の判断は各方面（メディア、学界、法律実務家など）から注目されることもあって、同裁判所の裁判官には自らの判決に対する評判について強いインセンティブがあるという（S. Bainbridge, The New Corporate Governance in Theory and Practice（2008）p.122）。デラウエア州法が選好されるのは、全体として予測可能性の高い法的環境を備えていることが大きいとみられる。

このようなデラウエア州の優位という状況に関しては、1970年代以降、活発な論争がある。元SEC委員長のW. ケアリーは、1974年の論文で会社の設立・再設立に関する州の間での「競争」について、“race to the bottom”（会社の経営陣にとって有利な法制への変更というかたちでの競争）であり、連邦ベースでの最低基準が必要という見解を表明した。なお、このような州の間の「緩和競争」の弊害を指摘する考え方は、1890年代にニュージャージー州が相次いで会社法を改正し他の州が追随したときにも主張された。また、最高裁判事L. ブランダイスは、1933年の判決（Liggett Co. v. Lee）の反対意見のなかで「会社は、コストが最も安く、そして最も制限的でない州で設立される。これは、勤勉さではなく緩やかさの競争である。」と述べた（R. Hamilton / J. Macey, Cases and Materials on Corporations（8th edition, 2003））。

ケアリーの論文の後、むしろ州の間の競争は“race to the top”であるという反論、すなわち企業は資本コストの低下を図るため投資家保護に配慮した法制を選択するはずであるという見解が展開された。ただ、この市場の働きを重視する主張に対しては、いくつかの弱点があると指摘されている（Cox / Hazen前掲 p.60）。また、いろいろな実証研究が行われた。このテーマは最近でも取り上げられているが、今日における州の間での勧誘競争の存在に対して疑問を呈する見解や、州の間の競争の問題というよりもむしろワシントンとデラウエア州の間の問題、すなわちコーポレートガバナンスのあり方などをめぐる連邦証券法（およびSECの規制）と州の会社法の関係というテーマに注目すべきであるという見解がある。このテーマに関するいくつかの論文（抄）と解説を掲載するものとして、R. Romano, Foundations of Corporate Law（2nd edition, 2010）p.114以下がある。

州ごとに会社法が制定されるという状況に対して、かねてより内容的な共通化を図ろうとする動きがある。アメリカ法曹協会（ABA）の模範事業会社法（MBCA）は、統一法の策定を目指すものではなく、州が改正法を起草する際の参考としての役割を意図している。ABAの会社法委員会は、1946年に主にイリノイ州法をベースにMBCAのドラフトを作成した（1943年にその草案が作成されていた）。1950年に広く配布するためのヴァージョンを策定し、その後の改正を経て現在に至っている。デラウエア州法と同様に自由度の高い（規制色が薄い）内容である。また、デラウエア州法は司法判断に委ねている部分が多いが、MBCAはデラウエア州法よりも明確に規定されたルールが多い（Romano前掲Notes, p.145）。現在でも州ごとの会社法という状況に変わりはないが、多くの州がMBCAにならっており（Model Act statesといわれる）、これらの州の間でみれば内容の実質的な収れんはかなり進んでいるものとみられる。ただし、デラウエア・カリフォルニア・ニューヨーク・ペンシルベニアなどは、Model Act statesではない。

アメリカにおける近時の会社法改正の傾向は、規定の簡素化や実質的にそれほど意味のない形式性の削除にあり、特に非公開会社において株主のニーズにあわせた会社の経営プロセスの設計を許容する方向での改正が多いとされる（R. Hamilton / R. Freer, The Law of Corporations in a Nutshell（6th edition, 2011）p.46）。なお、アメリカにおいて公開会社の場合は、1933年証券法、1934年証券取引所法をはじめとする連邦証券規制が重要な役割を有することはいうまでもなく、いわば二重の規制体制のもとにあるといわれる状況にある。

(3) 株主総会・取締役会

株式会社の機関について概観すると、まず株主総会の主な役割は、取締役の選任・解任、会社の内部事項を定める付属定款の変更の承認・不承認（定款で定めれば取締役会にも付属定款の変更権限があるとする州もある）、会社の基礎的変更（定款の変更、合併、自発的解散など）の承認・不承認などである。株主総会において取締役会に対する勧告決議をすることも一般に許容される。そのほか、株主の有する権能として、帳簿・記録の閲覧権、株主代表訴訟の提起などがある。

株主総会の役割について、「株主にいくつかの事項について議決する権限を与えているのは、株主に意思決定をする権能を与えているというよりも、取締役会の意思決定に対して拒否する権能を与えているとみるべきである。換言すれば、株主は、たとえば合併や全部の財産の譲渡を発議することはできない。株主は、合併や財産譲渡の条件について交渉することはできない。また、取締役会に対してこれらの取引を行うよう指示することもできない。……株主ができることのすべては、取締役会によって交渉された合併や財産譲渡について賛成か反対かの投票をすることである。」という指摘がある（F. Gevurtz, Corporation Law（2nd edition, 2010）p.196)。このような株主総会の性格からも、公開会社の場合、取締役の選任・解任というメカニズムを通じて会社の運営に影響を与えていくことが、株主の立場から最も重要であるといえるであろう。

取締役は、ほとんどの州法において、その人数は1人以上と定める（かつては3人以上の取締役が必要という州法が多かった)。取締役は自然人に限られる。取締役の任期は通常1年（年次総会で選任）であるが、多くの州法は定款または付属定款で定めれば任期をずらすことも可能とする。この場合、取締役は2～3のグループに分かれ、毎年、順次任期が到来することになる。これを、期差選任取締役会（staggered board）という。株主総会による取締役の解任は理由を要しないとする立法例が多いが、定款の定めによって異なる扱いを認める例もある。証券取引所・全米証券業協会（NASD）の規則は、上場会社等について取締役の過半数が独立取締役であることを求める。

取締役には会社の経営に際し、自己や第三者の利益を会社の利益に優先させてはならないという忠実義務が課せられており、また注意義務、誠実義務も課せられている。「いったん選任されたならば、取締役は会社の受認者として行為する。これは、取締役が、取締役を選任した株主の利益のみならず、全株主を含めた「会社の最善の利益」に仕えなければならないことを意味する。」（A. R. ピント＝D. M. ブランソン（米田保晴監訳）『アメリカ会社法』（原著2004、邦訳・雄松堂出版2010）p.148）。

取締役は、取締役会（ボード）のメンバーとして意思決定に参画する（オフィサーを兼ねない取締役は、ボードを通じて行為する場合のほかは原則として権限がない）。MBCAは、ボードの役割・機能について、「会社の事業および業務は、取締役会により、またはその指示のもとに、そしてその監督のもとに行われなければならない」と規定し、デラウエア州法もほぼ同様の趣旨を規定している。このように株式会社の経営に対しては、ボードに大きな裁量が与えられている。

株主は、ボードに対して会議体としての分析や議論を経て意思決定をすることを求めているということになる。「なぜ、会社法は、取締役は定足数を要求される会議体として行為しなければならないことを要求するのか。……この問に対する伝統的な答えは、取締役が相互に意見を聞き、それに反応することによって、意思決定のプロセスとしてよりよく機能するというものである。議題をグループとして議論することが必要であり、単に賛成とか、反対とかいう答えを続ければよいというものではない。」(R. Clark, Corporate Law (1986) p.110)。

多くの会社法は、会社に一定のオフィサー(執行役員・経営幹部)を置くことを要求する。オフィサーとはpresident(社長)、secretary(株主総会・取締役会の議事録の作成、文書の認証・保存などを担当)、treasurer(財務担当役員)、vice-president(副社長)などである。かつてはこれらのタイトルを有するオフィサーの設置を会社法で義務づけることが一般的であったが、今日では具体的にどのような役割・数のオフィサーを置くかは会社の任意とされる。法的な問題ではなく、それぞれの会社の経営的な判断によるという考え方である。ただし、MBCAは、株主総会・取締役会の議事録の作成、文書の認証・保存などに責任をもつオフィサーは必須とする(デラウエア州法もほぼ同様)。各職位の兼務について、かつてはpresidentとvice-presidentの兼任禁止やpresidentとsecretaryの兼任禁止という立法例もあったが、最近ではこのような制限についても緩やかになってきているようである(Gevurtz前掲 p.180)。なお、オフィサーのタイトルであるが、最近では公開会社の場合は、president、treasurerなどのタイトルよりも、CEO(Chief Executive Officer)、COO(Chief Operating Officer)、CFO(Chief Financial Officer)、CIO(Chief Information Officer)、Executive vice-president などのタイトルが用いられることが多くなっている。

オフィサーは、付属定款の定めるところにより、または付属定款に反しない範囲内で取締役会決議によって選任される。取締役会は、いつでもオフィサーを解任することができる（理由のあるとき、または理由なしに）。付属定款の定めるところに基づいて、あるオフィサーが他のオフィサーを任命できるとされている場合には、通常、任命したオフィサーが解任権を有する。オフィサーの雇用契約において会社の解任権が制限されている場合に、かかる契約条項と取締役会の解任権能との調整の問題が生ずる。取締役会は当該オフィサーを解任することができるが、会社は契約に違反したことにより損害賠償を負うことがありうるというのがその答えであろうとされる（Gevurtz前掲 p.181）。

通常の業務執行の意思決定は、最高経営責任者（CEO）以下のオフィサーに委ねられている（特に大規模企業の場合）。オフィサーは取締役を兼ねる場合もあり、その場合は一般に内部取締役（inside director）と呼ばれる。取締役会は会議体であり各取締役が同等の立場で参加するという位置づけのものである。一方、CEO以下のオフィサーおよびその下位の者については階層的な組織として機能し、CEOが最終的な権限を保持するという位置づけにある。

取締役会には委員会を設置することができ、ニューヨーク証券取引所・全米証券業協会は、その規則により、上場会社等について委員会（監査委員会、指名委員会、報酬委員会）の設置義務やその構成などを定めている。

一方、非公開会社（closely held corporation）については、株主は取締役・オフィサーを兼ね、積極的に経営に参画することが多い。そのような場合には、取締役会の開催はあまり意味のない形式性と受け止められる。今日では、州によっては、非公開会社の場合はボードのない機関設計（株主による直接の経営）を認めるなど、柔軟な意思決定を許容するようになってきている（Hamilton / Freer前掲 p.123ほか）。

2 コーポレートガバナンス

アメリカでは州の会社法に加えて連邦証券規制があることから、公開会社（publicly held corporation）のコーポレートガバナンスの問題はいささか複雑な様相を呈する。近年では、サーベインス＝オクスレー法（2002年）やドッド＝フランク法（2010年）が公開会社の会社運営に関する事項についても規定を設け、連邦法の影響が次第に強まってきている。

(1) コーポレートガバナンス論議の活発化：1970年代

コーポレートガバナンスの論議は1970年代に活発となった。「1970年代は、ニューディール期以後、コーポレートガバナンス改革に対して最も重要な考察が加えられた時期である。70年代の終わり頃まで、巨大企業の正統性、取締役会の機能、オフィサーや取締役の適正な法的義務のあり方など、さまざまな問題が、当初は委任状勧誘合戦や学術論文において、次いで議会や証券取引委員会（SEC）の公聴会の場で提起された。」（J. Seligman, The Transformation of Wall Street（3rd edition, 2003）p.534）。なお、1970年代におけるH. ウィリアムズSEC委員長のスピーチや論文、SECの年次報告などでは、“corporate accountability” の表現が “corporate governance” とともに用いられた（ここでaccountabilityは「説明を伴う責任」の意に解されるべきである）。

1960年代後半以降、企業の活動に対して環境問題や消費者問題などの観点からいろいろと批判が高まった。企業活動に対する社会の不信が高まるなかで、株主アクティビズムの動きが注目を集めた。連邦委任状規則に基づく株主提案により主張を展開しようという動きがみられ、SECによる同規則の運営のあり方が問われることになった。その最初の厳しいテストともいうべきものが、ダウ・ケミカル社に対する株主（人権のための医療委員会）の提案であった（1970年）。株主は、同社に対してナパーム弾の販売中止（ただし、購入者が対人使用はしない旨の合理的保証を与えた場合を除く）のため、定款改正の勧告提案を提出した。会社は、同提案は「発行者の通常の業務運営行為」に当たるものとして委任状説明書から除外すると主張した。そこで、株主である医療委員会は提案を改め、ナパーム弾を製造することを全面的に禁止するよう基本定款を改正するよう勧告する提案を提出した。ダウ社は、その提案はあまりにも一般的で、かつ、「主に、一般的な経済的、政治的、人種的、宗教的、社会的またはそれらと同種の目的を促進するために」提出されたものであるとして、当該提案の委任状説明書からの除外を主張した。SECも会社と同じ判断であり委任状説明書からの除外を認めたが、株主側は訴訟を提起し、SECは再考を命じられた。会社は、自主的に1971年の定時総会のための委任状説明書に当該提案を含めた。なお、本提案を支持した株主は３％に満たなかった。

また、1970年のゼネラル・モーターズ社の株主提案（「キャンペーンGM」）は広く注目を集めた。３つの提案が出され、その内容は、

① 定款を修正し、会社の事業は健康、安全および福祉に整合するもののみに制限すること

② 企業の責任に関する株主委員会を設置し、同委員会は環境・市民権・労働・学界などのグループを代表する者によって構成されるものとすること

③ GM社の取締役会に公共の利益を代表する者を含めること

である。

GM社は、SECに対するレターで、連邦証券法が委任状説明書に株主提案を掲載して他の株主にコンタクトする機会を与えているのは出資者としての資格において関係のある事項に限られるとし、キャンペーンGMはこの点で他の株主とコミュニケートすることに関心を有するものではなく一般の市民としての資格によるものであると主張した。これに対して株主側は、本提案は出資に伴う責任のうち、非金銭的なものに関する要求であるなどの反論を展開した。SECは、３つの株主提案のうち②と③の提案を委任状説明書に含めることを認めた。

GM社の株主総会は、3000人の株主が出席し、６時間半にわたって行われた。株主提案は総会では否決されたものの、５人の社外取締役で構成される公共政策委員会が設置されることになり、また初めて黒人の取締役が選任された。さらに、

GM製品の環境への影響を調査する委員会が設置されることになった。このようにGM経営陣は、実質的に株主提案の内容を取り入れて実施するという結果となった。ダウ社およびGM社の株主提案とその経過については、主として、SEC委員J. Treadwayの1983年10月17日のスピーチ（「株主アクティビズムと企業倫理：レフリーとしての政府」）、ピント＝ブランソン前掲 p.235、Cox / Hazen前掲 p.392に依拠した。

(2) ペン・セントラルの倒産

1969年から1970年にかけての景気後退期には企業の破綻が少なくなかったが、1970年６月のペン・セントラル鉄道（アメリカ最大級の鉄道会社）の倒産は各方面に大きな衝撃を与えた。同社はコマーシャル・ペーパー（CP）の主要な発行者の１つであり、CP市場の危機といわれる状況をもたらした。議会は公聴会を開いて原因の究明に乗り出し、その報告書では「取締役会が何かをしたからというのではなく、何もしなかったことが同社の凋落を助けることになった。」と指摘された（Seligman前掲 p.536）。この時期には「眠っていたペン・セントラルの取締役会」や大企業の取締役会の実情に関する特集記事が新聞・雑誌に掲載され、また取締役会の活動実態についての実証研究が公刊されるなど、マネジメントに対する取締役会の監視のあり方に関心が高まった。

このような環境のなかで学者サイドからは取締役会の改革案が提唱され、なかでもM. アイゼンバーグの論文・著作は影響力があったものとみられる（Seligman前掲 p.538参照、R. カーメルのスピーチ・後掲）。1976年には、従前に発表した４つの論文を加筆してまとめた著作として、The Structure of the Corporationが公刊された。

⑶ 監査委員会の設置

SECは、1977年に公聴会（コーポレートガバナンス・ヒアリング）を実施するなど、コーポレートガバナンスの問題に取り組んだ。そこで焦点となったのは、ボードの構成と独立取締役の重視であった。SECの取組みの経緯について簡単に述べると、SECは、その創設後まもない1940年に、問題のあった個別企業の事例において監査委員会の設置を勧告し、ニューヨーク証券取引所も上場会社に対して監査委員会のコンセプトを示唆した。1967年には、米国公認会計士協会（AICPA）が監査委員会の設置を提唱した。SECは、1972年に社外取締役のみで構成される監査委員会の設置を勧告し、翌年にニューヨーク証券取引所も同様の勧告を行った。SECは、1974年の委任状規則の改正で、監査委員会の設置の有無を委任状説明書に記載するよう求めた。1976年にSECはニューヨーク証券取引所に対し監査委員会の設置義務化を要請し、1977年の同取引所の規則改正にその旨（独立取締役のみで構成。上場申請または継続の要件）が規定された（1978年６月までに各企業に実施を求めた）。SECは1978年の委任状規則の改正で、すべての登録会社について監査委員会・指名委員会・報酬委員会の有無などについて開示することを求めた。

1970年代はウォーターゲート事件や企業の国際活動に際しての不正支出問題など、企業活動のあり方に対する批判が高まった。1977年には外国腐敗慣行防止法（Foreign Corrupt Practices Act）が制定された。このような環境もコーポレートガバナンスの論議に少なからぬ影響を与えたものとみられる。また、1970年代には連邦会社法制定論が再び浮上した（連邦会社法制定論は19世紀後半や1930年代にも主張された）。1976年に上院商業委員会は、企業行動に関する公聴会を開催したが、その際にも複数の参考人から連邦会社法の必要性が主張された。80人の学者が署名した請願書が上院商業委員会に提出された。連邦会社法、州の会社法のために最低限の基準を設定する連邦法、あるいは他のなんらかの措置のいずれかを求めるという内容であり、連邦による関与を検討することが議会の緊急の課題であるというものであった（Seligman前掲 p.545）。

消費者運動の旗手として知られるラルフ・ネーダーと他の2名（M.グリーン、J.セリグマン）による著作Taming the Giant Corporationが刊行されたのは1976年である。大規模企業に対する監視の強化のため、一定規模（売上高250百万ドルまたは従業員1万人）以上の大企業（金融機関などを除く）を対象とする連邦会社法の制定や常勤の専門取締役（professional director）の登用などの改革案を提唱した。同書によれば、対象企業には州の会社法に加えて追加的に連邦会社法が適用される（二重の設立根拠法）。専門取締役は、当該企業の取締役としての役割に専念するものとされ、マネジメント（CEO以下の経営陣）の評価のために専門スタッフを必要とし、また社内データへのアクセスも確保されなければならない。ネーダーらのアイデアは、三権分立にならって企業内部における機能の分立を企図するものであり、ボードは司法と立法を担い、マネジメントは行政（提案と執行）の役割を果たすというものである。また、取締役は、会社全般に対する責任とともに9の分野別に監視の責任を有するというもので、その分野とは従業員の福祉、消費者保護、環境保護と地域社会との関係、株主権、経営の効率性などである。これらの提案については、妥当性・実効性の面で少なからず疑問符をつけざるをえないが、同書は問題の所在を鋭く指摘するとともに、アメリカにおける会社法や関連法制の歴史などにも言及しているという点で今日でも参考になるものである。

社外取締役と専門スタッフの組合せというアイデアは、それ以前にも提唱されてきたが、なかでも1972年に元最高裁判事のA.ゴールドバーグがTWAの取締役を辞任するにあたり表明した意見はよく知られている。アイゼンバーグの前掲著作によってその提案の概要を紹介すると、ゴールドバーグは、社外取締役が情報不足のため会社法で要請されている役割を果たすことができないとし、社外取締役による委員会を設けて会社運営を監視し、定期的に取締役会に報告すること、そのために常勤の専門家やコンサルタントを雇うことを提唱した。しかし、アイゼンバーグは、この提案は不健全かつ機能しないものであるとし、「すでに過度の官僚化の傾向にある企業に、さらに不必要な意思決定のレベルを加える」「企業運営に多大の困難を加える」「責任の分散化を招く」と述べている（Eisenberg前掲 p.154）。

連邦会社法制定を主張する動きに対して、SECは概して消極的な姿勢であったが、上級幹部のなかには連邦会社法を推奨する意見もあった（Seligman前掲 p.545）。1970年代後半の監査委員会をめぐる進展は、多分に連邦法介入の気運を意識したものとみられる。たとえば、ウィリアムズSEC委員長の「企業のアカウンタビリティ」と題するスピーチ（1978年1月18日）は、連邦会社法には消極的な意見を表明し、この問題に企業が自主的に対応することが望ましいことを強調したうえで、

① 経営陣、当該会社が依頼者となっている社外の弁護士、投資銀行家、商業銀行家などは、独立性確保の仕組みが確保されない限りボードメンバーになるべきでない

② 取締役会における経営側の参加（内部取締役）はCEOのみとすべきである（社内の関係者が説明のためにボードに出席することはさしつかえないが、議論と採決のセッションでは退席すべきである）

③ 取締役会議長とCEOは分離されるべきである（ボードに提出する議案は経営陣の一員ではない議長によって決定されるべきものである）

と主張した。ウィリアムズ委員長は、その後のスピーチでも、独立取締役を軸とするボード改革が企業のアカウンタビリティ

回復のために不可欠であることを力説し、連邦法介入の可能性（懸念）に言及して企業経営者の自覚や自主的対応を求めた。

また、連邦会社法制定論や監査委員会の問題に関して、SEC委員のR. カーメルは、「歴史を振り返ってみれば、連邦の直接の規制がないなかでは、控えめな、争いのない改革（引用者注：監査委員会の設置）を公開大会社に課すことに35年を超える年月を要したことになる。とはいえ、私の個人的な選好は、コーポレートガバナンスのような問題については、公共と民間の間の相互の働きかけのなかから変化が起こることが望ましいというものである。連邦会社法は、達成しえないかもしれないことについての世の中の期待を高めるおそれがある。」と述べつつ、規制強化による問題解決を目指すのではなく、企業の自主努力と連邦証券規制の分野における自主規制の役割に期待する旨を強調し、もし企業が適切に批判に応えなければ議会やSECは連邦会社法を求める圧力に抗することはむずかしいであろうと述べた（1978年1月11日のスピーチ）。ウィリアムズ委員長やカーメル委員の発言には、当時の政治・社会環境のもとでの連邦会社法制定論をめぐるSECの微妙な立場が示唆されているように思われる。なお、カーメルはSECにおける最初の女性委員である。

(4) ALI「コーポレートガバナンスの原理：分析と勧告」

アメリカ法律協会（「ALI」）は、裁判官・弁護士・学者から選ばれたメンバーで構成され、各分野の法のリステイトメントを行うことなどを目的とする組織である。ALIは1978年の理事会決議でコーポレートガバナンスに関するプロジェクトを取り上げることを決定した。会社法は州の制定法と判例法のまじりあう分野であり、そもそもリステイトメントが可能なのかという議論もあったようであるが、判例のない事項や判例があっても現在では適切ではない事項については勧告のかたちにするという構想のもとにスタートした。なお、リステイトメントとは、判例によって形成された法理を条文化し、説明・例を付したもので、ALIは、契約、代理、信託、不法行為などの分野でリステイトメントを公表し、さらに改定作業を行っている。

1982年に試案１（プロジェクトの約３分の１）を公表したが各方面から強い批判を浴び、再検討のうえ、そのほかの部分を含めて順次試案として公表した。企業のこのプロジェクトに対する関心は高く、ALIのメンバーのロイヤーに対して企業サイドからの強い働きかけが行われ、検討の過程では多くの激しい論議が行われた（Macey 2008後掲 p.34）。1992年に最終案が採択され、「コーポレートガバナンスの原理：分析と勧告」（以下「原理」という）と題して公表された。試案１では「コーポレートガバナンスと機構の原理：リステイトメントと勧告」という題名であったことと比較すると、「機構」が削除され、「リステイトメント」が「分析」に置き換えられた。これは、「原理」がALIのほかのリステイトメントと同じように実定法を整理したものとと受け止められるおそれがあることを考慮したものとされる。

「原理」は7編から構成される。会社の目的・行為、経営機構、取締役・オフィサーなどの義務、公開買付けにおける取締役・株主の役割、救済（株主代表訴訟など）などのテーマが対象であり、会社法を全面的に対象とするのではなく、その一部について取り上げたものである。取締役の構成の箇所では、大公開会社については取締役会の過半数が独立取締役で構成されること、それ以外の会社では少なくとも3名の独立取締役を有することが推奨された。また、大公開会社では監査委員会が設置されなければならないとし、指名委員会・報酬委員会の設置が推奨された。大公開会社以外の会社については、監査委員会の設置が推奨された。「このプロジェクトの中核となる特徴は、社外取締役（outside directors）に大きく依存していることである。」と評されている（Cox / Hazen前掲 p.67）。また、「原理」は、現行法の分析、法に規定されるべき事項、企業実務の慣行として採用されることが望ましい事項を注意深く区別している（同上）。

プロジェクト開始から終了まで10年を超える年月を要したが、この時期に発展しつつあった法と経済学の発想もこの間の論議に影響を与えることになった（Macey 1993後掲）。最終案の検討段階では、さしもの激しい論争もほぼ沈静化し、最終案の考え方は双方の側にとって受入れ可能のものという評価になった。このような紆余曲折を経てALIの本プロジェクトはまとめられたものである。公表から20年が経過したが、コーポレートガバナンスのあり方を考えるうえで、今日でも参考とすべき成果である。本プロジェクトについては、文中掲載の文献のほか、証券取引法研究会国際部会訳編『コーポレートガバナンス—アメリカ法律協会「コーポレートガバナンスの原理：分析と勧告」の研究』(日本証券経済研究所、1994)、J. Macey, “The Transformation of the American Law Institute” (1993)、J. Macey, Corporate Governance：promises kept, promises broken (2008) に依拠した。

(5) SOX法の制定

テキサス州ヒューストンに本社を置くエンロン社は、フォーチュン誌で6年連続「アメリカで最も革新的な企業」に選ばれるなど、躍進する花形企業であった。しかし、決算修正で多額の損失を計上したことから急速に信用度が低下し、2001年12月、連邦破産法の適用を申請した。同社の破綻後、議会は原因究明と再発防止策の策定に乗り出し、上院・下院それぞれで法案が作成されたものの、2002年6月に入った段階では膠着状態に陥った。メディアの関心も次第に薄れ、法案成立の見通しもはっきりしない状況になった。

しかし、ワールドコム社の粉飾表面化（6月25日）により一挙に流れが変わった（同社は7月21日に破産申請）。株式市場は急落し、議会もホワイトハウスもなんらかの対策を打ち出さなければならないという切迫した状況に追い込まれた（秋には中間選挙を控えていた）。慌ただしい上下院の法案内容の調整を経て、ほとんど論議もないまま圧倒的多数の支持を得て議会を通過し、ブッシュ大統領の署名を得て7月30日に成立したのがサーベインス＝オクスレー法（SOX法）である。

エンロン事件・ワールドコム事件などが大規模な会計スキャンダルであったことを反映して、会計やディスクロージャーに関する改正が大きなウェイトを占める。公開会社会計監査委員会（PCAOB）の創設、外部監査人の独立性の向上が規定され、開示書類の提出に際してのCEO・CFOの認証義務、財務報告に係る内部統制の有効性についての評価書の提出とそれに対する登録会計事務所の監査証明が定められた。また、SECの規則制定権・証券取引所などの自主規制機関に対する監督権を通じて証券取引所、全米証券業協会（NASD）に対して上場企業等は一定の要件（独立取締役のみで構成など）を満たす監査委員会の設置が必要という規則改正を求めることが規定された（301条）。また、SOX法407条では、監査委員会には財務の専門家（financial expert）を少なくとも1名含めることをSECが規則として制定することが規定された。すなわち、SOX法は、SECの監督権を経由するかたちはとっているが、監査委員会の構成のあり方を指示する実体的な規定を置いた。

ニューヨーク証券取引所は、SEC委員長の要請（2002年2月）を受けてSOX法制定前の6月に上場規則改正に関する報告書を公表した。SECによる承認（2003年11月）後の上場規則では、上場企業の取締役の過半数は独立取締役でなければならず、監査委員会のほか、原則として独立取締役のみで構成される指名委員会、報酬委員会の設置が求められることになった。このほかコーポレートガバナンス・ガイドラインおよび企業行動・倫理規範の策定と開示が必要とされることになった。

SOX法は、証券アナリスト、格付機関、弁護士（SECの手続に関連して発行者を代理して職務を行う場合）についても規定を設けた。このように公認会計士とあわせて、いわゆるゲートキーパーを規制の対象に含めたことは特記されるべきであろう。

エンロン事件の発生は、国際的にも大きな衝撃を与えた。欧州各国（ECを含む）は、自国のコーポレートガバナンスの体制に問題がないかどうかの検証に着手したが、その反応の早さには特筆すべきものがあった。「エンロンの破綻は、経済的なインパクトとしてはアメリカ国外では比較的軽微であったし、欧州諸国で同種の事件が起こったわけではない。とはいえ、各国政府に対しては、同じようなことが起こるかもしれないというおそれだけで法の改革に取り組ませるには十分であった。ここにコーポレートガバナンスの問題の共通性がある。」（第３章Davies 2006前掲）。エンロン事件やSOX法制定の各国への影響と対応についてはそれぞれの箇所で述べたところである。なお、エンロン事件については、「エンロンは、今日ではコーポレートガバナンスの失敗のたとえである。……膨大な数の論文・書物が書かれたが、おそらく企業史のなかで最も記録に残された破綻であろう。」と述べられている（Macey 2008前掲p.79）。

⑹ ドッド＝フランク法におけるガバナンスの規律

SOX法に対しては全般的に過剰規制であるとの批判が少なくないが、なかでも米国資本市場の国際競争力の低下と内部統制報告制度の導入（404条）による企業の過大なコスト負担が各方面から指摘された。中小規模の公開会社、すなわち対象企業を時価総額で３段階に分けたなかのいちばん下のグループに対する404条（全部または一部）の適用延期措置がたびたび講じられたが、ドッド＝フランク法（2010年７月成立）において、このグループに対しては404条⒝（監査証明の添付義務）の適用を除外する旨が規定された。したがって、同グループについては、同条⒜の経営者による有効性の評価のみとなる。

ドッド＝フランク法の重点は金融分野における規制・監督の見直しにあるが、一般の公開会社のコーポレートガバナンスについてもいくつかの規定を置いている。まず、報酬問題に関し、

① 公開会社では株主総会で役員報酬に関する株主の投票が義務づけられる（ただし拘束力はない）。この決議は少なくとも３年ごとに行われ、その頻度決定のための別途の決議（少なくとも６年ごと）が必要。このほかいわゆるゴールデンパラシュートについても勧告的決議が必要

② SECは証券取引所・全米証券業協会に対して報酬委員会の構成メンバー全員が独立取締役であることを規則で定めるよ

う指示

③　報酬委員会は報酬コンサルタントが独立性などの要件を満たした場合にのみ雇うことが可能

④　役員報酬の開示義務の強化

⑤　報酬返還ルールの義務化

などが規定された。また、取締役会議長とCEOが同一の人物か否かにつき、SEC規則の定めるところにより、その理由とともに開示する義務が定められた。

公開会社について株主の提案する取締役候補者を委任状資料に含めること、いわゆるProxy Accessに関し、ドッド＝フランク法はSECに規則制定権があることを確認した。SECは従前からの委任状規則改正作業を進め、2010年８月に最終ルールを策定した。しかし、ビジネス・ラウンドテーブルおよび米国商工会議所から異議が申し立てられ、一定の要件（議決権付株式を３％以上、３年間保有。候補者数は取締役定員の25％まで）を満たす株主提案は委任状資料から除外できないとする規則14ａ－11は、コロンビア特別地区連邦巡回控訴裁判所の決定により無効とされた（2011年７月）。この規則14ａ－11は、公開会社に共通の規制である。同決定の無効理由は、規則14ａ－11の制定に際して、その効果とコストの関係などについてSECの分析が不十分・不適切であるというものであった。ただ、同時に進められた規則14ａ－８の改正は異議申立ての対象ではなく、2011年９月に発効した。この改正によって株主はProxy Accessに関する付属定款の改正提案を委任状資料に記載するよう請求しうることになり、この問題は会社ごとの対応に委ねられることになった。ドッド＝フランク法については、松尾直彦『Q&Aアメリカ金融改革法』（金融財政事情研究会、2010）参照。Proxy Accessに関する規則と最近の状況については、SEC資料（リリース、委員長のスピーチなど）による。コロンビア特別地区連邦巡回控訴裁判所の決定について、『商事法務』No.1939（海外情報）に紹介がある。

⑺ 「コーポレートガバナンスの連邦化」の傾向

SOX法やドッド＝フランク法は、公開会社の会社内部の問題について規定する。従来、会社の内部の事項には設立根拠法である州の会社法を適用するという内部事項の原則（internal affairs doctrine）があり、連邦証券法と州の会社法の関係においてもある種の棲み分けがあるとされてきた。

しかしながら、州の会社法のみでは公開会社の投資家保護は不十分という主張がかねてよりあり、たとえば元SEC委員長のW. ケアリーは、1974年にFederal Corporate Minimum Standards Actの構想を提唱した（取締役・オフィサー・支配株主に対して最低限の信認義務を定めるもの）。SECもそのときどきの委員によって意見の差はあるようであるが、伝統的にはこの発想に立つ（近い）ようであり、公開会社のボードの構成などについて連邦レベルの規律が必要という考え方であるように見受けられる。SOX法は公開会社の内部事項に実質的に関与する立法であり、「コーポレートガバナンスの連邦化」（R. カーメル）

といわれた。カーメルは、SOX法の条項は、当時の議会がエンロン事件やワールドコム事件の後に立法化を急いで偶然に採用したものではなく、SECがかねてより規制対象に含めようと試みてきたものであると指摘し、また個々のSOX法の規制は相応に妥当性があるとみられるものの、「連邦化」のもつ意味について議会の審議の過程では考慮されず、また論議もされなかったと指摘している（R. Karmel, "Realizing the Dream of William O. Douglas－The Securities and Exchange Commission takes charge of Corporate Governance" (2005))。

アメリカのコーポレートガバナンスにおいては、大別して３つの政策主体、すなわち連邦政府（主としてSEC）、州（会社法の立法および州裁判所の司法判断）および自主規制機関（証券取引所、全米証券業協会）が存在する。SOX法が会社の内部事項に一歩踏み込む立法を行ったことから、同法の制定後、３者のバランスを不安定化させるかもしれないという指摘もあった。その後のドッド＝フランク法の制定やProxy Accessをめぐる展開をみると、この３者間の関係については、今後もまだまだ流動的な要素が少なくないように思われる。

SOX法およびドッド＝フランク法という連邦法の制定に対しては、

① 法律による一律の規制の限界・弊害

② 効果が実証されていない政策の採用

③ 会社運営への官僚的発想浸透の懸念

④ 一定の実体的効果をねらいとする「治療的開示」(therapeutic disclosure）は連邦証券法制定当初のディスクロージャー制度の意図と整合的でない

⑤　ラチェット効果（いったん規制が導入されると後戻りしにくい）

⑥　連邦ベースで力を発揮する特定の利害関係者・グループの過大な影響力

⑦　州の間の競争などの連邦主義のメリット減殺

といった問題が、指摘されている（R. Romano, R. Karmel, S. Bainbridgeほか）。SOX法の経験をふまえ、危機直後の立法にはサンセット条項を織り込むべきであるとする提言もある。ドッド＝フランク法においては、SOX法の内部統制報告制度の一部の対象企業についてSOX法404条(b)の不適用が規定されたが、これは結果的にはサンセット条項が規定されていたのと同様の効果をもたらした。ただ、これらの対象企業については適用延期措置が繰り返されてきただけに、実質的には現実の追認という意味あいのものであるということかもしれない。

深刻な危機発生後の政治状況下における立法は、緊急対策としてのアナウンスメント効果は相応にあるとしても、オーバーシュートになりがちである。また、それまでに改革論として主張されてきた種々のアイデアがこのような立法の機会をとらえて一挙に盛り込まれるという動きになりがちである。アメリカの場合は連邦法と州法の関係という要素が加わるが、他の国についても程度の差はあれ共通する問題であり、危機後の立法・法改正の際の注意点であると思われる。

第5章 独立取締役の役割と取締役会議長・CEOの分離問題

コーポレートガバナンスの改善・向上のため独立取締役の役割に期待するのが近時の国際的な傾向であり、各国のコードや証券取引所の規則などでは、取締役総数に占める独立取締役比率の引上げを提唱している。しかし、独立取締役に内在する限界や問題点を指摘する見解も少なくない。また、キャドベリー委員会報告書（1992年）におけるテーマの１つとして、取締役会議長とCEOの分離の問題がある。分離問題は、国によってかなりとらえ方に温度差があるが、最近ではアメリカでも注目が高まってきている。

これまで海外諸国におけるコーポレートガバナンスをめぐる問題を4カ国についてそれぞれみてきたが、独立取締役の役割と取締役会議長・CEOの分離問題について整理してみることにしたい。

いずれも主として単層構造の経営機構の株式会社におけるテーマである。

1 独立取締役の役割

コーポレートガバナンスの改善・向上の議論において、独立取締役の役割を重視することは国際的にみて共通の傾向である。アメリカの場合、ニューヨーク証券取引所は、1960年代にSECに促されて独立取締役を推奨した。1970年代後半、当時のコーポレートガバナンスをめぐる論議のなかで、SECのウィリアムズ委員長は、独立取締役の重要性を指摘し、取締役会（ボード）の構成員たる内部取締役はCEOのみとすべきであるという主張を取締役会議長・CEOの分離論とともに展開した（同委員長の1978年1・5月のスピーチおよび1979年10月の“Corporate Accountability and Corporate Power”と題する論文）。しかし、これらの主張に対する企業サイドの反応は、一部に賛同意見はあったものの、総じて反発・批判がかなり強かったという。こうした論議のなかで、独立取締役のみで構成される監査委員会の設置を求めるニューヨーク証券取引所上場規則改正が行われた（1977年）。その後、企業不祥事や金融危機発生のたびに独立取締役の重要性が強調されて今日に至っている。

アメリカの公開会社についてのある実証研究によれば、中位数の取締役会の規模・構成は、取締役総数11名のうち内部取締役は3名、利害関係のある社外取締役が1名、残りの7名が独立取締役というものである（1991年のデータによる）。CEOを含めて３～５名の内部取締役がいる企業の収益性が最も優れており、内部取締役が１～２名の場合のボード構成（“supermajority-independent board”）の企業は、他類型の企業よりも見劣りする傾向があることが示唆されるという。そして、このことから少なくともボードの独立性が高いほどパフォーマンスがよいとはいえず、従来の「通念」は再考を要するとする（S. Bhagat / B. Black, “The Uncertain Relationship Between Board Composition and Firm Performance”（1999））。また、両名による2001年の論文（「ボードの構成と企業の長期的業績とは無相関」）は、独立性の高いボードの企業は業績がよいはずであるとする通念は実証的には支持されないとし、したがって米国型のモニタリングボードのモデルを輸出することは控えるべきであるとする。企業の業績にはいろいろな要因が作用するのでどこまでボードの構成と企業業績の関係を検証できるのかという分析上の問題があろうし、上記の論文は多くの同種の研究があるうちの一例にすぎないが、なかなか興味深い結果であると思われる。

イギリスでは、1970年代に独立取締役の重要性が主張され、一部の議員は非業務執行取締役や監査委員会の設置を提唱した。この動きは監査委員会の設置を求める法案の提出につながったが、最終的には成立するまでには至らなかった（B. Tricker, Corporate Governance：Principles, Policies, and Practices（2009）p.11）。独立取締役の役割が有力に提唱されたのはキャドベリー委員会の報告書（1992年）である。同委員会は企業不祥事の発生を契機とするものであったが、委員会設置に至る背景もあり、CEOという１人の人間が支配的な力をもつことを牽制する力がボード内部に必要であるという考え方であった。その１つとして、独立取締役（独立性を有する非業務執行取締役）の役割が期待された。その後、コードの改定のたびに独立取締役の役割重視がうたわれて今日に至っている。

フランスでは、ヴィエノ報告書Ｉ（1995年）において独立取締役の役割が取り上げられているが、取締役会における議論の質の向上という視点に加え、主要株主が存在する会社の場合、独立取締役は少数株主の利益保護を担うことが述べられている。これは、少数株主を代表する取締役は不要という文脈のなかでの指摘であるが、それ自体としても重要なポイントであろう。フランスでも、論議を重ねるごとに独立取締役の比率の引上げが提唱されてきている。

ドイツでは、株式会社は二層構造の経営機構であるが、コーポレートガバナンス・コードは、取締役会・監査役会についてメンバー構成の多様性への配慮の必要性などについて言及している。

これらの国において、公開会社のボードに占める独立取締役の比率は、アメリカでは過半数（ニューヨーク証券取引所規則など）、イギリスでは大規模会社の場合において議長を除く取締役の半数以上（UKコーポレートガバナンス・コード）、フランス（単層構造の場合）では株式保有が分散されている会社の場合において半数となっている（ガバナンス・コード）。

このように独立取締役の役割を重視するのが近時の国際的な

傾向であるが、取締役会は会社の経営戦略・業務方針などの意思決定とともに、業務執行の監督や経営陣の評価を行う。モニタリングの機能に着目すれば、ボードメンバーの独立性の重視に至らざるをえない。しかし、会社が危機的状況に陥った場合はともかく、通常の状況においては独立取締役といえども、同じ会議体を構成するなかで、経営陣との円滑なコミュニケーションを維持しつつ企業価値向上に貢献することが期待される。また、独立取締役がより突っ込んで会社の実態を把握しようとすれば、おのずと社内の者と接する機会が増え、その影響を受けることになる。このような過程を通じて社内の者への依存度が高まり、実質的な独立性が低下する可能性がある。このような独立取締役に内在するジレンマがあることから、独立取締役の監督機能に疑問を呈する見解が少なくない（R. カーメル、J. メイシーなど）。独立取締役は「万能薬」ではないことに留意を要しよう。なお、独立取締役の役割と問題点については、わが国における論議に関連し第7章でさらに考察することにする。

2 取締役会議長・CEOの分離問題

取締役会議長とCEOの分離論についての各国の状況をみると、このテーマをリードしてきたのはイギリスである。キャドベリー委員会報告書は分離論を提唱した。経営トップ（CEO）の独走・暴走の防止という問題意識であり、ボードの実効性回復とチェック・アンド・バランスのために分離が必要であるという考え方である。フランスでは、ヴィエノ報告書Ⅰでは二層構造の選択肢があるなどを理由に分離には消極的な姿勢が示されていたが、ヴィエノ報告書Ⅱは従前の主張を転換して分離形態の選択が可能な法制の整備を提唱するに至った。2001年の法改正により分離形態の選択（単層構造の場合）が可能になった。なお、バーゼル銀行監督委員会が2010年10月に公表した「コーポレートガバナンスを強化するための諸原則」は、取締役会議長とCEOが同一人物である場合に銀行内のチェック・アンド・バランスに及びうる影響を最小限にとどめる措置の必要性を述べている。分離そのものを勧奨しているわけではないが、両者兼任の場合に生じうる問題点への配慮からこうした規定になっているものと思われる。

アメリカでは、第４章で述べたとおりウィリアムズSEC委員長が分離論を展開し、企業経営者の一部にも賛同する声があったが、上場規則などに反映されるまでには至らなかった。最近では、2008年のエクソンモービル社の株主総会において、CEOと取締役会議長の分離を求める議案が株主から提出された。前年に続いて同じ提案が出されたもので、同社創業者の子孫であるロックフェラー一族の多くが支持したことから話題を集めた。一族のなかで本提案について主導的な役割を果たしているメンバー2名は、フィナンシャルタイムズ紙（同年5月22日）に寄稿し自らの主張を展開した。それによれば、この提案は、両者の分離が長期的にみて株式の価値を守ることになるとし、その理由として役割の分離によりCEOは日常の業務運営とプラニングに集中するとともに議長とボードは会社が長期的に取り組むべき課題と戦略的な方向について客観的に考察することができ、今日の環境のなかでエネルギー企業として取り組むべき課題が明確化されるなどの効果が期待できるという点をあげた。

しかし、業績が好調なことから現経営陣の支持率は高く同提案への賛成は39.5%にとどまった。現在でも同社ではCEOが取締役会議長を務めている。アメリカでは「船を指揮するのは1人の船長」という考え方が根強く、業績が順調である限り現経営陣の提案にあえて反対する株主は少ないというのが現実であるとされる（FT紙、同月28日）。なお、同社のコーポレートガバナンス・ガイドラインでは、取締役会は現時点では議長とCEOの兼務が適切かつ効率的と考えるが、将来、機能分離が適切であるとされるのであればそのようにする権限を留保すると述べられている（同社ホームページ）。

実際に株主の声に押されて分離形態を採用した例もある。バンク・オブ・アメリカでは、2009年4月、独立取締役を取締役会議長に選任する旨の付属定款改正を求める株主提案が定時株主総会でわずかの差で可決され、取締役会議長が交代した。社外取締役が議長に就任し、従前の議長兼CEOはCEOとして続投したが、その後退任した。

アメリカにおいても、業績の悪化やガバナンス上の問題のある企業について、分離を求める投資家サイドの声が強まりつつあるように見受けられる。今後は、ドッド＝フランク法が取締役会議長とCEOの関係についての開示を義務づけた（第4章参照）こともあり、このテーマへの関心が高まるものと思われる。ただ、この問題はそれぞれの企業の状況や社内運営の沿革などに関連するところが少なくないため、常に分離が望ましいというわけではないことに留意を要する。

国内編

第6章 株式会社の機関

わが国のコーポレートガバナンスの問題を考えるにあたり、まず株式会社の組織・運営に関する会社法の規律を概観する。取締役会が通常の意思決定の最上部に位置するが、わが国では内部取締役の比率が高いため、取締役会の審議の実効性確保が課題である場合が少なくない。また、わが国の上場会社のほとんどは監査役会設置会社であり、監査役の果たすべき役割も重要である。取締役会と監査役（会）は並立の機関であり、わが国の監査役制度は国際的にみてもユニークなものであることから、今後のガバナンスの論議においては監査役のあり方も重要なポイントの１つになると思われる。

1 株式会社の基本的特質

コーポレートガバナンスは多面的にとらえられるべきものであるが、法的な観点からは主として株式会社の機関についての会社法の規律とそのあり方の問題になる。まず、株式会社の基本的特質について述べる。

株式会社の基本的な特質(特徴)は何であろうか。R. Kraakman et al., The Anatomy of Corporate Law（2nd edition, 2009、神田秀樹教授が共同執筆者の１人）および神田秀樹『会社法入門』（岩波書店、2006）に基づき述べる（項目の順番はAnatomyにならった）。

① 法人格：株式会社は会社法により法人とされ、その名において権利を取得し、義務を負う。法人格を認めることにより法律関係の簡明化が図られる。

② 出資者の有限責任：株式会社の出資者は株主と呼ばれる。株主は出資額を超えて会社債権者に責任を負わない。有限責任によりリスクが限定されることは、広く資金調達を行うことの基盤となる。また、有限責任は株式の流通市場の形成に資する。有限責任でないとすると、個々の株主の資力（信用度）に応じて株式の価値が変動することになり、価格形成がむずかしくなるからである。

③ 株式の譲渡性：株式は、株式会社の社員としての株主の地

位を細分化して割合的地位のかたちにしたものであり、原則として譲渡は自由である。株式には償還がないのが原則なので、株主が投下資本を回収するためには譲渡の方法によらざるをえない。容易に売買できることが株式投資の誘因になり、資金調達上の便宜になる。株式の公開（上場など）は流通性を高める手段である。

④　取締役会の授権のもとでの経営：多数の株主がいる場合、株主による日常の経営の意思決定や執行は困難である。取締役の選任、さらに取締役会によるオフィサー（経営幹部）の任命により、会社の経営は専門的な知識・経験を有する者に委ねられる（出資者と業務執行者の分離、経営権の集中）。分業と専門化のメリットが生かされるとともに、投資家にしてみれば自ら経営の実際に携わることなしに投資が可能となる。これは、株式の譲渡性と相まって分散投資によるリスクの軽減を容易にすること、すなわちポートフォリオとしての株式保有につながる。

⑤　株主が会社の実質的所有者：株主は残余権者（residual claimants）であり、契約に基づく権利を会社に対して有する者（従業員、取引先、債権者など）に契約で定められた金額を支払った後の財産や収益に残りがあれば、株主のものになる。事業の好不調によってこの残余の額は変動する（マイナスになることもある）。株主は事業に伴うリスクを負担する存在である。ここで所有者という意味は、事業をコントロールする権利とその純利益を受領する権利を有することであると

される。なお、株主のみを残余権者としてとらえることに関し、企業特有の投資を重視する立場は少し異なる見解を主張する（第10章参照）。

これらに加えて、株式については株主の側から出資金の払戻しを請求することが原則としてできないことを株式会社の基本的な特質の１つとして特記すべきであるとするM. ブレアの見解がある（M. Blair, “Locking In Capital：What Corporate Law Achieved for Business Organizers in the Nineteenth Century” (2003)）。

ブレアは、“lock-in” という表現はネガティブな意味あいで用いられることが多い（たとえば、非公開会社の少数株主は容易には持株を売却できない）が、株式の払戻しが制約されるその特質こそが現代の産業社会において株式会社形態がこれだけ用いられている理由の１つであるとする。当該企業に特有の性格をもち回収に時間のかかる投資（たとえば鉄道の建設）を遂行するためには、安定的な資本の存在が不可欠であり、そのためには払戻しを請求されない株式の存在が重要である。一方、固定的な投資のウェイトの小さい事業については、ある程度の規模になっても必ずしも株式会社形態でなくともよい。

株式の譲渡性や株主の残余権者としての性格はこうした払戻しのできない資本としての株式の特質と密接に関係するものであり、上記の５点のなかで触れられているともいえるが、ブレアが述べるように１つの独立した特質として取り上げることが株式会社の理解のために適切であると考えられる。

2 株主総会

株式会社は法人であるから、意思決定をする自然人や会議体、行為をする自然人が必要である。これらが会社の機関である。機関を構成する自然人がその権限内でした行為の効果は会社に帰属する。会社法は、株主総会、取締役（会）、監査役（会）などを株式会社の機関とする。株主総会と取締役は、どの株式会社も必ず置かなければならない。

株主総会は、会社の社員である株主が意思決定を行う場である。少なくとも年に１回開催されることが必要であり（定時株主総会）、わが国の上場会社においては多くの会社が３月決算なので６月中・下旬に開催が集中する（基準日から３カ月以内の開催が必要）。株主総会の招集は取締役が行う。なお、株主（議決権の３％以上を有するなどの要件を満たす場合）は株主総会の招集を取締役に請求することができ、招集手続がとられないときは裁判所の許可を得て自ら招集することができる。

株主総会の決議事項であるが、取締役会設置会社の場合には会社法または定款に定められた事項に限り決議することができる。取締役会が設置されていない株式会社の場合は、株主総会の決議事項の範囲に特に制限はない。

取締役会設置会社における株主総会の場合、役員・会計監査人の選任・解任、会社の基礎的な変更（定款変更、合併・会社分割などの組織再編、解散など)、一定の重要な事項(剰余金の配当など)、取締役に任せたのでは株主の利益が害されるおそれがある事項(取締役の報酬等の決定など)が、法定の決議事項である。定款で株主総会決議事項を定めることもできる。従来はほとんど例がなかったとされるが、最近では買収防衛策の導入について定款で総会決議事項として定める例がある。定款にその旨の規定がない場合には、株主総会で決議されたとしても一種の勧告(的)決議になる(法的な拘束力はない)と一般に解されている。しかし、会社法は勧告的提案または勧告決議というあいまいな運用を想定していないのでかえって株主総会の運用上の混乱を招く可能性もあるとする見解もある(松井秀征『論点体系　会社法2　株式会社Ⅱ』(第一法規、2012)p.404)。この点については、さらに分析・検討が必要であると思われる。

多数の株主が分散して株式を保有する株式会社の場合は、いわゆる経営者支配のもとで合理的無関心といわれる問題がある(落合誠一『会社法要説』(有斐閣、2010)p.138、R. Clark, Corporate Law(1986)p.390)。自らの議決権が及ぼす影響力やその経済効果を考慮すれば、わざわざ株主総会の会場まで足を運んで(コストと時間を費やして)議事に参加する株主は少ないのがむしろ当然であろう。「合理的」というのは、こうした費用対効果の観点からみるということである。大多数の株主は、現在の経営者に不満はあっても自ら株主総会に出席して意見をいうことは少ないし、また委任状勧誘のメカニズムを通じて現経営陣に対抗することも一般の株主にはコストや手間の問題からきわめて困難である。そこで株式を市場で売却して「退出」するという行動に出るのが通例である。このような行動様式は「ウォールストリート・ルール」あるいは「ウォールストリート・ウォーク」といわれる。誰かほかの株主がアクションを起こしてくれて、その効果を享受できればよいという態度（いわゆるフリーライダー問題）にもつながることになる。

しかしながら、株主が最終的な決定権をもっている（留保している）ことの意義を軽視することは妥当ではないであろう。年に１回の定時総会ということではあるが、株主総会の存在は経営陣の考え方や行動に少なからず影響を及ぼしているものとみられる。また、株主総会の事前準備も、コスト対効果という面からみたときに問題がないとはいえないケースもあるかもしれないが、経営の実態と課題の再確認のプロセスとしての意味あいがある。誠実に経営にあたる経営者は、株主総会における筋の通った質問を真摯に受け止めるであろう。会議体としての株主総会の意義である。合理的無関心などの問題はあるとしても、株主が最終的に決める権限をもっている（留保している）ことがコーポレートガバナンス全般に及ぼす効果は小さなものではない。

3 取締役・取締役会

会社法の制定により機関設計の選択肢が拡がった。機関設計の柔軟化といわれる。株主総会と取締役のみの株式会社も可能であり（大会社でない非公開会社の場合)、企業の実態にあわせた簡素な機関設計を選択しうる。

コーポレートガバナンスの観点からは上場会社に焦点が当てられるが、わが国の上場会社のほとんどは監査役会設置会社である。以下では、監査役会設置会社である上場会社を想定しながら、取締役、取締役会（ボード）および監査役（会）について述べる。

戦前のわが国では、株主総会で取締役と監査役が選任されたが、取締役会の制度は法定されていなかった。徐々に非常勤の社外取締役が常勤者に置き換えられ、社長—専務（常務）取締役—（平）取締役という階層組織が取締役のなかに定着するという経過をたどったという（江頭憲治郎「企業の勃興から大企業時代への商法」(『会社法の基本問題』(有斐閣、2011）所収))。戦後、1950年の商法改正でアメリカの制度を参考にして取締役会制度が導入された。取締役会が日常の業務執行にあたる代表取締役以下の執行状況を監督することになったが、従業員出身の内部取締役がほとんどという実態のもとで取締役会による監督は不十分であった。企業不祥事などへの対応として、1974年以降、株式会社の機関について数次の商法改正が行われたが、主たる対象は監査役制度の見直し（再強化）であった。本来、取締役会制度の改革として行われるべきものが監査役制度の改正としてなされた面が強いとされる（岩原紳作「監査役制度の見直し」（前田・神田・神作編『前田庸先生喜寿記念 企業法の変遷』（有斐閣、2009））p.11）。このような法改正の経過について、「上場会社等の戦後の機関に関する改正の歴史は、監査役制度の強化の歴史であり、①（引用者注：監査役会の設置など）はその到達点である。上場会社等においては、戦後長らく業績が好調であったため、経営効率向上のための機関（取締役会）の改革は法の目標とならず、もっぱら粉飾決算、背任、総会屋・暴力団との癒着等の「企業不祥事」の防止が機関制度改革の課題となり、そのため違法性監査を職務とする監査役制度の強化が、大会社を中心に行われてきた。しかし、選任方法・任期・権限・報酬等さまざまに監査役の地位向上が図られてきたにもかかわらず、上場会社の監査役が経営者から独立し実効的に監査を行っているとの評価は少なく、制度改正の議論が絶えない。」（江頭憲治郎『株式会社法（第 4 版）』（有斐閣、2011）p.476）という指摘がある。

昭和40年代以降の法改正の経緯に照らしてみれば、現在の会社法制の見直しにおいて、社外取締役の選任の義務づけがテーマとなっていることは、コーポレートガバナンスのあり方との関連における株式会社の機関の改正問題が新しい段階に入ってきていることを示すものであるといえるであろう。一方で、監査役の実際の活動についても、近年、会社の問題発生に対して監査役が主体的に対応するケースがみられるようになってきていることは見逃せないところであろう。

取締役は株主総会で選任される。取締役の任期は2年であるが、定款の定めにより短縮することができる。海外には法人取締役を許容する立法例があるが、わが国では自然人のみである。取締役の解任は、株主総会の普通決議によりいつでも可能である（定款で決議要件を加重することができる）。

株主が取締役を選任するのは自明のことのようであるが、諸外国には、一定の範囲内で従業員が取締役を選任する例（フランス。定款の定めによる）や一定規模以上の株式会社の場合に共同決定法・三分の一参加法により監査役会メンバーの半数または3分の1は従業員が選任する例（ドイツ。監査役会が取締役を選任）がある。また、イギリスのブロック委員会の多数意見報告書（1977年）は、一定規模以上の株式会社について、株主選任取締役と同数の従業員選任取締役を置くとともに第3グループの取締役を置く制度を提案した（第3章参照）。このような海外諸国の例をみると、株主に取締役の選任権があることが基本であるが、株主のみの権利とするかどうかは制度設計の問題であると考えてよいように思われる。

株式会社の出資者である株主は残余権（residual claim）を有する者であり、これは当事者間の交渉でその内容が定まるという性格のものではないから、株主の利益を守るための事前の取決め（契約）をすることはなかなかむずかしい。取締役の選任・解任のメカニズムを通じて、取締役およびボードの任命する経営幹部の経営手腕に期待するという方法をとらざるをえない。株主による取締役の選任は、沿革的な事情による面もあるようであるが、基本的には出資をして事業リスクを負担する株主の地位に基づくものであると考えられる。なお、このような仕組みになっていても、選任された取締役・経営者がもっぱら株主の利益のために行動するとは限らないという問題（いわゆるエージェンシー問題）がある。

一方、株主以外のステークホルダーをみると、まず従業員の役割が重要である。従業員は、当該企業に特有の知識、技術、組織運営のスキルなどを身につける。これらは、当該企業が破綻したり、従業員が当該企業から離れた場合には、その価値は大幅に減少する。従業員は、このような企業特有の人的資本（firm-specific human capital）を有し、これは残余権的な性格をもつ。言い換えれば、事前の取決めにおいて、いろいろな場合を想定して従業員の貢献度に応じた待遇の取決めをしておくことは困難であり、事後的に会社の業績や具体的な貢献の度合いに応じてボーナスなどのかたちで分配するという方式をとらざるをえない。こうしてみると従業員にも残余権者としての側面があるということであり、従業員にも経営参加（たとえば、取締役の選任権）の道を開くべきであるという考え方がありうることになる。

そのほかのステークホルダーについても、たとえば取引先についてみると、当該企業との継続的な関係を維持・発展させるなかで、当該企業に特有の知識・ノウハウ、あるいは設備投資などが取引先の側でも必要となる場合が少なくない。また、地域社会についても、当該企業の事業運営と密接な関係を有するインフラストラクチャーに対する投資を行うことが必要になる場合がある。これらの企業特有の投資は、当該企業から離れた場合や当該企業の経営が破綻した場合には、その価値は大幅に減少することになる。

従業員を含め、これらのステークホルダーは、程度の差はあるにせよ、当該企業の事業リスクを実質的に負わざるをえない部分があるといえる。このような企業特有の投資を考慮に入れてコーポレートガバナンスのあり方をどのように考えるべきかは重要なテーマである。ただ、取締役の選任権との関係でいえば、企業特有の投資により残余権的性格のものを有するステークホルダー（特に従業員）があるとしても、直ちにそのものに取締役の選任権を与えることが適切であるということにはならない。この問題については、終章でエージェンシー理論との関連でさらに考察することにしたい。

取締役会が設置されている株式会社の場合、取締役は基本的に取締役会を構成するメンバーとして機能する。取締役会の役割は、業務執行の決定、取締役の職務の執行の監督、代表取締役の選定・解職である。重要な業務執行の決定は取締役に委任することができない。何が重要な業務執行であるかについては会社法362条４項１～７号に規定されている（例示的列挙）が、それ以外にも重要な業務執行に該当する事項がありうる。その際には、どのような点が判断基準になるのであろうか。取締役・経営者の任務は、まずは事業をいかに効率的に遂行するか（ここでは収益をあげるという意味）にあるが、同時に会社の存続と安定的発展を確保することも重要である。取締役会における経営方針や個別案件の審議に際しては、会社として過大なリスクをとることにならないか、適切なリスクテークか否か（リスクが少なければよいというものではない）がチェックポイントとして欠かせない。ある案件が取締役会で決議されるべき重要事項であるか否かという判断に際しても、このような視点が重視される必要があると思われる。この点に関連して、「取締役はリスクをとるために雇われているのであり、しばしば関連するすべての要素を検討する余裕はないという時間のプレッシャーのもとに置かれる。……取締役の重要なスキルは、その会社の成功と失敗は無謀な試みを避けつつ不当に注意深くはならないようにする点にあることを認識しながら、リスクと時間の要素をバランスさせることにある。」と指摘されている（第3章のDavies 2010 p.151に引用されているCompany Law Reportの文章）。「リスクと時間の要素をバランスさせる」という点が特に重要であると思われる。

また、取締役会においては、審議のプロセスも重要である。必要な情報を得たうえでの意思決定かどうか、リスクの所在を明確に意識し分析しつつ審議が行われたかが大事であり、これが不十分な場合には取締役の注意義務違反として法的に問題となることもありうることに留意を要する。

4 監査役・監査役会

監査役は株主総会で選任され、その役割は取締役の職務執行の監査である。任期は4年である。独立性を保障するためなので、これを定款などによって短縮することはできない。大会社かつ公開会社の場合（委員会設置会社を除く）、監査役会および会計監査人を置くことが必要である。また、会計監査人を設置する場合（委員会設置会社を除く）は、監査役（会）を置かなければならない。監査役会を置く場合、監査役は3人以上で、その半数以上（過半数ではない）は社外監査役である必要があり、また常勤監査役を選定しなければならない。監査役の解任は株主総会の特別決議による（取締役の解任の場合とは異なる）。

数人の監査役がいる場合においても、各自が独立して監査権限を行使する。監査役はいわゆる独任制の機関である。監査役会が設置されている場合であってもこの点に変わりはない。監査役会は、監査の方針、業務や財産の状況の調査の方法などを決めるが、これは役割分担などについての取決めであり、個々の監査役の監査権限を制限するものではない。「監査役会の機能は、各監査役の機能分担を容易にしかつ情報の共有を可能にすることにより、組織的・効率的監査を可能にするにとどまる。」（江頭前掲 p.497）。

わが国の監査役の制度は国際的にみてもユニークな仕組みで

ある。ドイツの監査役会制度と似ている面があるが、経営機構における位置づけや権限の内容が異なる。1974年改正以降の数次の法改正によって監査役の権限・地位の強化が図られてきた。業務監査権限の付与、任期の延長、社外監査役制度の導入などである。

また、監査役は取締役会に出席し、「必要があると認めるとき」は意見を述べなければならない（会社法383条1項)。この規定は1974年改正で設けられ、そのときは「出席し意見を述べることができる」旨が規定されていたが、2001年改正で現在の条文の内容に改められ、会社法もそれを引き継いでいる。どのようなときに「必要がある」に該当するかについて会社法にそれ以上の規定はないが、議案の内容に法令・定款違反があるときに該当することは当然であり、また著しく不当な事項があるときも同様であるとされる（潘阿憲『論点体系会社法3　株式会社Ⅲ』（第一法規、2012）p.278)。

少し角度を変えて考えてみると、当該議案におけるリスクの所在・大小や審議プロセスの適切さという視点が、「必要がある」に該当するか否かを判断する場合の基準として重要であると考えられる。たとえば、会社の存続可能性にかなりの影響があると考えられる議案が提出された場合において、リスクの所在・評価などについての十分な分析・検討が行われておらず、また取締役会における審議でも質疑・意見交換が不足しているような場合には、そのまま取締役会として承認の決議をすることには問題があり、監査役としては審議のあり方について意見を述べる、すなわち検討不十分のまま決議することは差し控えるべきである旨を表明する必要があると考えられる。このように「必要がある」に該当するか否かは、内容だけでなく、プロセスについての問題でもある。取締役会に出席していながら、以上のようなケースにおいて意見を述べなかった場合には、状況によっては監査役としての任務懈怠の責任を問われることがありうるものと思われる。

監査役は業務執行機関とは並立の関係にあるが、このように業務執行の意思決定の場である取締役会に参加するという役割がある。法は、取締役とは異なる立場・発想の者が会議体である取締役会に加わることの効果を期待している。監査役の取締役会への出席義務・意見陳述義務の存在により、わが国の取締役会は、その一面において単層構造と二層構造の経営機構の「混合型」の要素を有するメカニズムになっているといえなくもない。

第7章 会社法制部会の中間試案と主要論点の考え方

法務大臣の諮問を受けて、法制審議会は、会社法制部会を設置して会社法制の見直しに着手した。「企業統治の在り方」、すなわちコーポレートガバナンスの問題がそのなかの重要なテーマの1つとなっている。2011年12月の中間試案の公表とそのパブリックコメントの結果を受けて要綱案作成に向けた審議が行われた。本章では、中間試案の論点に対する意見の概要を紹介しつつ、中間試案のなかでの主要論点である社外取締役と監査・監督委員会設置会社制度についてやや詳しく考察することにしたい。

1 中間試案とパブリックコメント

法制審議会は、2010年２月、千葉景子法相（当時）からの諮問を受けて会社法制部会（部会長：岩原紳作東大教授）を設置し、会社法制の見直しに着手した。諮問の内容は、「会社法制について、会社が社会的、経済的に重要な役割を果たしていることに照らして会社をとりまく幅広い利害関係者からの一層の信頼を確保する観点から、企業統治のあり方や親子会社に関する規律等を見直す必要があると思われるので、その要綱を示されたい。」（諮問第91号）というものである。なお、この諮問においては、「会社法」の見直しではなく、「会社法制」の見直しという表現が用いられている。

2011年３月の東日本大震災の影響で若干の審議の遅れがあったが、2011年12月に「会社法制の見直しに関する中間試案」（以下、本章において「試案」という）を取りまとめ、パブリックコメントに付された。また、試案の公表にあわせて、法務省民事局参事官室作成の「会社法制の見直しに関する中間試案の補足説明」が公表された。

2012年２月22日の会社法制部会で各方面から寄せられた意見の概要が紹介された（会社法制部会資料19「会社法制の見直しに関する中間試案」に対して寄せられた意見の概要）。多くの団体・個人（119の団体、72の個人。合計191）から意見が提出されたが、本件に対する関心の高さを示すものであろう。また、相当数の団体が意見書の提出にあわせて、その内容をそれぞれのウェブサイトで公表した。

試案の内容は多岐にわたるが、以下では「第１部　企業統治の在り方」のうち、

①　社外取締役の選任の義務づけ

②　監査・監督委員会設置会社制度

　　(制度の呼称はなお検討するとの取扱い)

③　社外役員の要件

④　会計監査人の選解任議案・報酬等の決定

⑤　従業員選任監査役の制度

の５点に関する各界の意見について、上記部会資料19に基づき、一部はそれぞれの団体のウェブサイトに掲載された意見書により補足しつつ、その概要を紹介することにしたい。

(1)　社外取締役の選任義務づけ

試案では３通りの案が提示された。そのうちの１つ（Ｃ案）は現行の規律のとおりとする（特に義務づけはしない）というものであり、Ａ案およびＢ案は１人以上の社外取締役の選任を義務づけるという案である。Ａ案はこの規律が適用される会社を「公開会社かつ大会社」、Ｂ案は「有価証券報告書提出会社」とする。なお、試案を通して、Ａ案が現行制度から最も遠い案、Ｃ案（またはＢ案）が現行法のままか現行法に最も近い案という並べ方になっている。

経済団体（経団連、日商、経済同友会、全銀協、企業年金連合会など）は総じて現状維持の意見（Ｃ案に賛成）であり、一方、東証、日弁連、公認会計士協会などは義務づけに賛成の意見である。学者（大学の法学部など）は義務づけに賛成の意見が多いが、現状維持を支持する意見もある。また、義務づけに賛成する意見のなかには複数（２人以上～過半数）を義務づけるべきであるという意見も少なくない。賛成意見のなかではＢ案に賛成するものが多い。社外取締役の選任義務づけに賛成する理由としては、経営全般・利益相反の監督機能の強化や取締役会における議論の活性化が期待できることなどがあげられている。

経団連は、各社に任せるべき問題であることや社外監査役との重複感などを指摘したうえで現状維持を主張したが、同友会は複数の社外取締役設置が望ましいとしつつ、公的ルールで義務づけるのであれば上場規則で検討するのが妥当であるとした。社外取締役の問題は、選任を義務づけるべきか否かという問題と、もし選任を義務づけるとしたときにどのような手段をとるかという２つの段階に分かれるが、同友会の意見はこの点を意識して表明されている。同様に義務づけには賛成であるが、上場規則等で義務づければ足りるという意見（慶大）もある。社外取締役を選任している場合は、社外取締役の属性・選任理由を、社外取締役を選任していない場合は、その理由を、それぞれ公表することを義務づけるべきであるという意見（獨協大）があった。

また、対象会社については、社外取締役の選任の義務づけの対象となる株式会社について、上場会社とすべきであるという意見が複数提出された。

(2) 監査・監督委員会設置会社制度

新たな機関設計を導入しようという提案である（本制度の概要については後述3参照）。賛成論は、選択肢が増えることに異論はないというのが基本姿勢であるように見受けられる。たとえば、監査役協会は、制度の創設に反対はしないが、常勤者の義務づけと各監査・監督委員が独立して業務財産調査権等を行使可能とするという2点を織り込むべきであるとする。また、経団連などは、基本的に賛意を表しつつ、委員会の構成について社外取締役の人数を過半数ではなく半数以上とすべきであるとする。

一方、制度の創設自体に反対するのは同友会である。その理由として、既存の制度（委員会設置会社、監査役会設置会社）と比べて企業統治の水準が同等になるか疑問がある、委員会設置会社すら普及途上にあるなかで「中間的機関設計」を加える意味はないなどの点をあげる。また、仮に、この制度を創設する場合には、常勤の監査・監督委員の選定の義務づけが必要であるとして留保付きの意見を述べるものもあった（日弁連など）。学者の意見は賛否がほぼ同数に分かれている。賛成の条件として取締役の過半数を社外取締役とするという意見（立命大）やこの制度を導入しなくとも委員会設置会社の3委員会の設置強制を緩和すれば足りるという意見（立教大）があった。日本取締役協会は、本制度に賛同しつつ、柔軟設計型委員会設置会社の制度を提案した（後述３参照）。このほか、本制度を導入することによって機関設計が複雑化することを懸念する意見が少なくない。

全体として、新しい機関設計の選択肢としての特色が必ずしも明確でないため積極的に意見を表明しにくいという印象である。

(3) 社外役員の要件

試案のＡ案は、現行の社外取締役の定義（会社法２条15号）に、(ア)親会社の取締役・執行役・支配人その他の使用人でないこと、(イ)当該会社の取締役・執行役・支配人その他の使用人の配偶者または２親等内の血族・姻族でないという要件を追加しようというものであり、社外監査役の要件についても基本的に同様である。また、「重要な取引先」の関係者でないことを要件に追加するかどうかについてはなお検討する旨が注記されている。Ｂ案は現状維持の案である。また、Ａ案の見直しをする場合には、要件に係る対象期間を就任前10年間に限定するという案が提示されている。

意見は、要件追加賛成と現状維持に分かれた。役職員の「配偶者または２親等内の血族・姻族でない」という要件に関しては、使用人全般を含めることについて、使用人の変動に伴い社外取締役等に該当するか否かも変動することになって法的にきわめて不安定になるという意見が出された。また、「その他の使用人」は、支配人その他役員に近い影響力を有する重要な使用人に限定すべきであるという意見（日商など）や「その他の使用人」の近親者でないという要件は、その要件を満たすかどうかの判断がむずかしく、社外取締役を選任する会社に困難を強いることになるという意見（中大）もあった。

「重要な取引先」でないことを要件に追加することについては賛成意見が多い。ただし、その範囲が明確でないなどの問題を指摘して反対する意見も少なくない。対象期間の限定については、10年間（または5年程度）に限定することに賛成の意見が多い。なお、要件追加の有無にかかわらず対象期間を限定すべきであるという意見が少なくなかった。

A案に反対する理由について、社外取締役や社外監査役にふさわしいかどうかは、株主総会の役員選任議案において、現経営陣が選任の理由を示し、株主の判断に委ねるという現行法の仕組みが適当であるとする意見（関経連、中経連、経団連など）があった。

このほか、社外取締役としての在任期間および兼職数に制限を設けるかどうかを検討すべきであるとする意見（三菱証）があった。

(4)　会計監査人の選解任議案・報酬等の決定

試案では、3つの案が提示された。A案は、監査役（会）および監査委員会は会計監査人の選解任議案・報酬等ともに決定権を有するというものであり、Ｂ案は、監査役（会）および監査委員会は前者について決定権、後者について同意権を有するという案である。この案は、監査役（会）設置会社について、委員会設置会社の監査委員会の権限（会計監査人の選解任議案の決定権、報酬等についての同意権）と同じにするという考え方である。Ｃ案は、現行法の見直しはしないとする案であり、監査役（会）はいずれについても同意権を有するというものである。監査役協会、公認会計士協会などはＡ案に賛成、経団連、日商、同友会などはＣ案に賛成の意見である。学者はＡ案賛成が多いが、Ｃ案賛成の意見もある。Ｂ案に賛成する意見はわずかであったが、Ｂ案賛成の理由として、監査業務における連携を重視すれば監査役等が選解任議案の決定権を有することが適切であるが、会計監査人の報酬等については費用支出に関する経営判断の要素が強く、監査役等がそうした任務を果たすにふさわしいとは思われないとする意見（関西大）があった。

⑸　従業員選任の監査役

この制度、すなわち監査役の一部を従業員選任の監査役とするという制度については、試案では注記（なお検討する）の取扱いである。この考え方に対しては、連合を除いて賛成意見はなく、その他はすべて反対意見であった（団体・個人計で30の反対意見）。反対意見では、会社に対して善管注意義務を負うべき監査役について、特定のステークホルダーの代表という位置づけをすることは、他のステークホルダーとの利益相反が生じて適切ではない、従業員選任監査役は会社（株主）と従業員の板ばさみとなる可能性があるなどが反対の理由とされている。また、従業員出身の経営者が多い現在の状況において、さらに従業員の利益を反映させる制度を設けることは、株主利益の確保の観点から問題があるという意見（中大）もあった。

以上のように、経済団体は総じて現行法の規律の維持を求めているのに対し、そのほかの団体・個人では見直し提案に賛成の意見が相対的に多いように見受けられる。全体として意見の対立傾向が目立つ状況にあるが、関係者は各方面の意見の内容や分布状態などを分析し、自らの立場について再検討する作業を求められることとなった。

会社法制部会は、パブリックコメントの結果を受けて、検討課題とされている事項についての審議を行うとともに、2012年6月の部会から要綱案の作成に向けての検討を開始し、8月1日の部会において「会社法制の見直しに関する要綱案」を取りまとめた。その後、法制審議会の総会（9月7日）においてこの要綱案が了承され、要綱として法務大臣に答申された。同要綱の概要・問題点などについては、第10章で述べる。

2 社外取締役

(1) ボードの運営スタイル

社外取締役をめぐる問題は、国際的にみてもコーポレートガバナンスの議論のなかで最も注目されるテーマの１つである。社外取締役を置くことの意義は何か、またその設置が望ましいとしてもどのようなメカニズムで実現していくことが妥当なのかについて考えてみることにしたい。なお、本章において社外取締役という場合は、実質的な独立性を有する社外取締役を意味する。

取締役会（ボード）の役割について、会社法は、業務執行の決定、取締役の職務の執行の監督、代表取締役の選定・解職の３つを規定している。このうち取締役の職務執行の監督については、日常の業務執行にあたる代表取締役以下から独立しているメンバーが主体となって担当することが適している。監督機能を重視する場合には、社外取締役のウェイトの高いボードが望ましい。とはいえ、取締役会は経営の基本方針などの戦略的なテーマを審議し決定する場でもあるから、監督機能だけを考えればよいというものではない。

取締役会は、質疑や議論が繰り返されるなかで意思決定を行う場（会議体）である。諸外国の文献などには、ボードの運営スタイルを示すものとして“collegial”という言葉がしばしば登場する。これは「同僚間に平等に与えられた権限（権威）を特徴とする」との意であり、ボードは階層的な意思決定が行われる場ではない。取締役それぞれの見識と洞察力が問われる場である。MacAvoy / Millsteinは、取締役の役割に関し、デラウエア州衡平法裁判所で数多くの企業関連事件を取り扱ったW. アレン判事の次のような言葉を紹介している。「評判、プライド、仲間であること、そして自尊心といった「ソフト」な概念が、追及的な態度と相まって、取締役の役割をはたし、割り当てられた職務の完遂につながることになろう。」（P. MacAvoy / I. Millstein, The Recurrent Crisis in Corporate Governance（2004））。

ここで２つの点について指摘しておきたい。第１に、監督機能をあまりに強調するとウオッチする者とされる者という関係（ある種の対立構造）になり、ボードの機能をむしろ低下させるおそれがあることである。第２に、会社の内部から取締役が選任される場合、ボードのなかに日常の指揮命令関係が持ち込まれる傾向がある。各国共通の問題であるが、わが国の場合には終身雇用・年功序列の要素が加わる。「対立構造」を心配する前に、そもそもボードにおいて率直な意見交換が行われているのか、それを可能にする基盤が形成されているのかが課題である場合が少なくないと思われる。

⑵ 社外取締役の存在意義とその限界

一般の会社では、取締役会に議案を諮る前に、なんらかの社内会議（経営会議、経営委員会など）で議論され、検討が行われる。あるいはトップを含む非公式な打合せの場合もあろう。いずれにしても取締役会に付議される事項については、あらかじめこのような場で検討されて事実上結論が出ている場合が通例であろうから、取締役会は形式的な場になる傾向がある。また、担当分野を有する取締役は、他の分野についての質問・議論を控えるという行動になりがちであるといわれる。これもボードの形式化につながる要素であろう。

このような状況のもとで社外取締役が取締役会に加わることは、多くの場合、ボードにおいて実質的な議論が行われることに資するとみられ、その意義は少なくない。ただ、その場合にも１人いればよいということではなく、社外取締役相互の意見交換のためにも複数の存在が不可欠であろう。ある程度以上の社外取締役のプレゼンスがあることが会議体としての取締役会の実効性ある運営のために必要である。社外取締役は３人以上、あるいは取締役会の３分の１程度が望ましい。

また、社内の人間だけで重要な事柄について判断することでよいのかという問題もある。社外取締役から異なる発想・視点に基づく質問・意見が出されるというセッションの意義である。限られた時間のなかで、いかに的確かつ有効な質問ができるかは社外取締役の力量を端的に示すものである。このような過程を経ることなしに実行に移した場合には、自社本位の発想による判断がそのまま外に出ていくことになりかねず、各方面からの思わぬリアクションが待ちかまえているかもしれない。取締役会における検討が不十分な場合、なかでも当該案件のリスクとそれが会社の事業継続能力に与える影響についての検討が十分でない場合には、取締役の注意義務違反という法的責任の問題が生ずる可能性もある。取締役会における周到な検討のプロセスは、株主代表訴訟リスクの軽減をはじめ経営者自身が自らを守ることに少なからず寄与する面があり、また経営トップも自らの判断の妥当性をあらためて確認し、自信をもつことができるのではないだろうか。この観点からも複数の社外取締役を含むボード構成にすることが望ましい。

社外取締役については、しばしばアクセルとブレーキのたとえが用いられる。社外取締役はブレーキ役というわけである。たしかに状況によってはそうならざるをえない場面があるかもしれないが、それは例外的な場合であろう。むしろ社外取締役の役割は、バックミラーやサイドミラーにたとえるほうが適切なのではないか。ドライバー（経営トップ）の視野を補う役回りである。

この点に関連して、ボードの内部的な運営のあり方を考えてみると、経営陣（内部取締役）と社外取締役との関係において、対立構造的な要素を強調することは、ボード運営の実態の認識としても、あるべき姿としても必ずしも適切ではないと考える。ボードは、経営の基本方針、すなわち戦略的なテーマについても論議を深め、経営陣の判断のみならず外部の視点も織り込んで議論を尽くすことが求められる場である。この点について、J. ローシュとR. クラークは、SOX法制定後のボードがあまりにコンプライアンス的なテーマに没頭せざるをえない状況を述べ、「皮肉なことに、取締役がコンプライアンスの分野でいっそう直接関与する（hands-on）ようになり、長期的な計画の分野ではいっそう無干渉に（hands-off）なっている。これは、株主を、別の、潜在的にはより大きなリスクにさらすことになる。」として、ボードの本来の機能が十分発揮されないことへの懸念を表明している（J. Lorsch / R. Clark, "Leading from the Boardroom"（2008））。

アメリカでは、ボードの役割はアドバイザリーボードからモニタリングボードへと変化してきたという点がしばしば指摘される。一時のアメリカではボードによるCEOの解任が有名企業で相次いだ。これはボードによる監督機能の発揮を象徴する出来事であったが、常時、このようなことが起きているわけではない。また、現状のボードについて、コーポレートガバナンスにおける二重の役割、すなわち経営の機能（経営陣に対する助言）と経営陣の監視の機能の双方を有する（第４章Macey 2008 p.53）として、２つの機能が並存しているという見方も少なくない。

アメリカとイギリスのボードは、いずれも同じ単層構造であるが、ボードの役割についてのとらえ方については必ずしも同じではないように見受けられる。A. キャドベリー卿は、取締役会について、「本質的には、取締役会の目的は最高業務執行取締役を可能な限り支援することであり、その支援の一面としては、最高業務執行取締役との忌憚のない議論の場を持つことだ。……最高業務執行取締役は、取締役会のことを、監視者や報酬の支払者としてではなく、継続的に利用可能な相談と支援の場であるとみなすべきである。」と述べる（A. キャドベリー（日本コーポレート・ガバナンス・フォーラムほか訳）『トップマネジメントのコーポレート・ガバナンス』（シュプリンガー・フェアラーク東京、2003）p.44）。

わが国の現在の状況をみると、バブル崩壊の後の経済状況や市場の見方の変化のなかで、個々の企業が自らのコーポレートガバナンスのあり方について模索している（あるいは模索を始めた）段階にあるといってもよい。まずは、株式会社における取締役会の位置づけを再確認し、取締役会における実効的な審議が行われるよう経営トップ以下が努力することが肝要であろう。その際には、複数の社外取締役の存在が少なからぬ意味をもつと考える。

ただ、社外取締役は「万能薬」ではない。その存在がコーポレートガバナンスの質の向上に貢献する場合が少なくないとみられるが、あくまでそれぞれの企業の置かれた状況に依存する面が大きい。また、重要情報の隠蔽が行われた場合や本来取締役会に付議されるべき案件が提出されなかった場合には、現実問題として社外取締役にはほとんど対処の方法がないと思われる。

第5章で簡単に触れたが、アメリカでも独立取締役の役割・貢献に対して疑問を呈する見解が少なくなく、また法律、取引所規則などのルールで一律の型（たとえば独立取締役がボードの過半数を占めること）を求めることに対して批判があることに留意を要する。たとえば、J. メーシーは、独立取締役は情報の入手・収集に関して社内の者に依存せざるをえないという事情から、実質的に独立性を維持することがむずかしいことを指摘する。この点が独立取締役に内在するジレンマであるとして、その役割に対してかなり厳しい見方をしている。また、メーシーは、そもそもモニタリングといっても、取締役は以前に自らがアドバイスしたことに基づいて経営陣が決定したことを時間が経過した後に評価する立場に立たされる（自分自身をモニターすることになる）のであるから、ボードの二重の役割（前述）は基本的かつ逃れられないコンフリクトをつくるものであるとして、ボードそのものの機能の限界を指摘している（第4章Macey 2008前掲）。また、S. ベインブリッジは、SOX法制定前後およびその後の論文や著作において、ガバナンス機構について画一的なパターンを当てはめることの問題点を指摘している（最近のものとして、Corporate Governance after the Financial Crisis（2012））。R. カーメルは、「SECのコーポレートガバナンス政策の基礎は独立取締役であるが、著者（引用者注：カーメル）は、以前よりこのモデルには欠陥があると感じている。独立取締役は会社のことについてはパートタイムの参加者である。いかに知的であり、勤勉で、あるいは強い心の持主であっても、限られたテーマを除けば、経営陣の判断に反対する時間もないし、マンデートもない。……もし、彼らがフルタイムの取締役と同視されるようになれば、彼らは独立ではなくなる。もし、彼らが繰り返しCEOの判断に挑戦すれば、CEOは辞めざるをえなくなる。会社は本来的に階層的なものであり、強力なリーダーを必要とする。最も高く評価されているアメリカの企業のなかのいくつかは、長期にわたって株主に報いてきた独裁的なCEOを擁している。これは、独立取締役が悪いアイデアであるという意味ではないが、会社はSOX法とは異なるボードの構成を選ぶ自由をもつべきである。」と述べる。そして、現行のモデルは時として欠陥を露呈したものの、長期にわたってアメリカ経済に貢献した実績を有するとする（第4章Karmel前掲）。引用が長くなったが、画一的なルール化を批判し、またリーダーシップを必要とする企業の特性を強調するものであり、説得力のある主張であると思われる。

(3) 画一的なルール化の問題点

上場会社に対する社外取締役設置の問題については、法律で義務づけを規定することは適切でないと考える。取引所規則で定めることについても賛同できない。社外取締役を置くことは望ましいが、画一的にその登用を求めるべきではないということである。若干補足すると、

① 監査役会設置会社は監査役の半数以上を社外監査役にする必要があり、社外取締役とは役割の違いがあるものの、社外

の者が取締役会に出席するかたちが確保されていること

② わが国でコーポレートガバナンスのあり方に焦点が当てられてきたのは主として1990年代半ば以降であり、現状は変化の途上にあること

③ ガバナンスのメカニズムが有効にワークしている会社かどうかはおのずと市場の評価にも反映されることになろうが、画一的なルール化は自ら創意工夫をしようとする企業のインセンティブを減殺するおそれがあること

④ ルールによる義務づけはかたちだけ最低人数を置けばよいという発想につながりかねないこと

も現時点でルール化に賛同できない理由である。

経済界は、社外取締役適任者の不足を指摘する。これに対して、企業は真剣に探す努力をしていないという批判もある。おそらく真理は中間にあるということなのであろうが、性急にルール化すれば何はともあれ候補者を見つけなければならず、かたちを整えることが優先して当該企業にとって最適の人材が確保できるとは限らないであろう。ボードの機能の有効な発揮という点からも形式主義に陥るような事態は好ましくない。

中間試案の補足説明には、「1人以上」の義務づけ案（A案、B案）の説明のなかで、「……過半数の社外取締役の選任を義務付けることは、現時点における我が国の状況を踏まえて現実的とはいえないと考えられるとともに、社外取締役は1人であっても、監督機能を一定程度果たすことができるという部会における議論に基づく」と述べる。たしかにゼロとの差は大

きいであろうが、実務的な感覚からは１人に重荷が全部かかってくるのではたまらないというのが正直なところであろう。特に、会社が危機的な状況に直面したときや敵対的な公開買付けに直面した場合などの重大局面において、社外取締役の間で意見交換を深める必要性は大きい。この点からも少なくとも２人、一般には３人以上の社外取締役がいることが求められるのではないだろうか。補足説明で述べられているように、中間試案のＡ案・Ｂ案の背景には、法律で複数を義務づけるのはむずかしいという現実的な判断があるのであろうが、そうであるとすれば、このテーマはそもそも法律によって規律することが適しているものなのであろうかということになる。

コーポレートガバナンスの実をあげるには、かたちを整えるだけでは不十分である。株式会社の規整の枠組みは国際的にかなり類似したものになってきているとしても、組織のリーダーシップのあり方や会議体の運営の方法は、多分にその社会の団体運営のスタイルや沿革的な事情に依拠していることを考慮に入れる必要がある。

株式会社は多面的でとらえにくいし、現実の企業はそれぞれに異なる存在である。それだけに、モデル化してわかりやすいかたちでとらえたいという心理があるのはやむをえない面もあるが、それが株式会社のイメージを形成し、世論や政策に反映して短期的にも中長期的にもゆがみをもたらすリスクに十分注意しなければならない。特に、法律で規定するということは、ある考え方の固定化を意味するだけに、いっそう慎重でなければならない。その意味で、わずか社外取締役１人の義務化なのだからよいのではないかという問題ではないと考える。

多様な企業が存在するという現実のなかで、それぞれが最適な運営を模索することを可能にする仕組みとすべきである。個々の会社の実態に即した対応があり、それを開示のメカニズムを通じて株主・投資家が評価するという性格の問題であろう。有効な方式であれば、「競争的模倣」（J. ゴードン）の経路により広く普及する可能性がある。

3 監査・監督委員会設置会社制度

(1) 監査・監督委員会設置会社の位置づけ

上場会社は、機関設計からみると監査役会設置会社または委員会設置会社に大別されるが、後者は上場会社のうち60社程度にすぎない。一方、監査役会設置会社は、海外の投資家にはわかりにくい制度であるとされている。

このような現況のなかで、法制審の中間試案は監査・監督委員会設置会社制度の導入を提案する（以下「本制度」という。なお、呼称についてはなお検討するとの取扱いである）。本制度について補足説明は、監査役会設置会社においては社外監査役に加えて社外取締役を選任することに重複感・負担感があるという指摘、一方、委員会設置会社については指名委員会および報酬委員会を置くことへの抵抗感があるという指摘があると述べたうえで、「社外取締役の機能を活用するための方策として、新たな機関設計を認めるものである」と述べる。

本制度の概略は、

① 3人以上の委員（取締役）により構成される監査・監督委員会が監査を担当し、監査役や委員会設置会社の3委員会は設置せず、執行役も置かない

② 監査・監督委員の過半数は社外取締役

③　監査・監督委員となる取締役は株主総会でその他の取締役とは別に選任され、任期は２年（その他の取締役は１年）
④　監査・監督委員の解任は株主総会の特別決議による
⑤　監査・監督委員のなかで常勤者の義務づけはしない（この点はなお検討するとの取扱い）
⑥　取締役会決議事項（会社法362条４項）のうち、「重要な財産の処分および譲受け」「多額の借財」の決定は取締役に委任することができる

というものである。

本制度はどのような位置づけになるのであろうか。まず、監査役会設置会社における監査役が監査・監督委員に置き換えられたものというとらえ方があろう。ただし、監査・監督委員は取締役であるから議決権を有する（取締役会の行う監督にも加わる）。また、本制度は、現行の委員会設置会社における指名委員会・報酬委員会に対しての実務サイドの抵抗感に配慮したもので、委員会設置会社の規制緩和策であるという見方もあろう。いずれにしても、本制度は監査役会設置会社と委員会設置会社の中間に位置するものである。

(2)　アメリカの監査委員会

現行の委員会設置会社の制度は、アメリカの会社運営の実務にならって2002年の法改正で導入された。導入当時の名称は、委員会等設置会社であったが、会社法で委員会設置会社となった。アメリカでは、1940年にSECが問題企業に対して監査委員

会の設置を勧告した。その後の論議を経てニューヨーク証券取引所の上場規則で監査委員会の設置が義務づけられたのは1977年である。アメリカ法律協会（ALI）の「コーポレートガバナンスの原理：分析と勧告」（1992年）において、大公開会社に設置を義務づけるべきとされたのは監査委員会である。これに対して、指名委員会・報酬委員会は、その設置が望ましい慣行として勧告されるという位置づけであった。SOX法が、権限・構成について規定を置いているのは監査委員会である。このような経緯をみると、3つの委員会が同等の取扱いを受けてきたというわけではなく、監査委員会の設置が先行して提唱されるという経過をたどった。

ドイツの監査役会は、そのメンバーで構成される委員会を置くことができるが、委員会の役割は監査役会における審議のための準備を行うことなどにある。委員会で決定できる事項の範囲が定められており、たとえば取締役の選任・解任それ自体や報酬の決定自体を委員会に委任することはできない。

日本取締役協会は「「会社法制の見直しに関する中間試案」に対する意見」（2012年1月30日）において、本制度の導入に賛成するとともに柔軟設計型委員会設置会社の導入を提案している。その骨子は、

① 取締役会の過半数が「独立取締役」で構成されていることを条件として、委員会設置会社における必置3委員会の設置義務を解除し、会社が必要と考える任意の委員会を設置することができる（定款で定める）

② 各委員会の権能、構成員の要件および決議要件等は、原則として定款または取締役会規則により定めることができる（ただし、監査・指名・報酬委員会のいずれかが設置された場合に、その決定のみが会社を拘束するためには、当該委員会の構成員の過半数が「独立取締役」でなければならない）

③ 柔軟設計型委員会設置会社には執行役を置く

というものである（日本取締役協会「「会社法制の見直しに関する中間試案」に対する意見」（2012年1月30日））。なかなか興味深い提案であり、広く論議の対象とされることが望ましい。

⑶ 委員会設置会社を含めての見直し

中間試案における監査・監督委員会設置会社の制度は相応の合理性を有するといえようが、監査役会設置会社と委員会設置会社の制度がすでに存在するという文脈のなかで考える必要がある。3つの選択肢を並列的に設けることは、制度を複雑化するおそれがある。この制度を第3の類型として創設する必要はなく、委員会設置会社の1類型と位置づければよいとする見解もある（齊藤真紀「企業統治」（『商事法務』No.1940）p.25。なお、同論文は企業統治をめぐる論議を広汎な文献を参照しつつ整理し、現在の諸論点についての見解を述べるものである）。また、パブリックコメントで寄せられた意見のなかにも、「監査・監督委員会設置会社制度を導入しなくとも委員会設置会社制度における3委員会の設置強制を緩和すれば足りる」（立教大）という意見があった。

少し発想を変えて、またアメリカで監査委員会が先行したことも参考にして、委員会設置会社を含めて見直すこととしてはどうか。私見を述べれば、取締役会に占める社外取締役の人数が３分の１以上であることを条件とし、監査委員会を必置として、次の３つの類型の選択を認めることとする。すなわち、

① 指名委員会・報酬委員会を設置し両委員会は現行制度における同じ権限を有する

② 指名委員会・報酬委員会を設置するが両委員会の役割は取締役会への提案の作成とする

③ 指名委員会・報酬委員会は設置しない

というものであり、いずれの場合も各委員会は社外取締役が過半数の構成とし、執行役を置き、どの類型を選択するかは定款で定めるという考え方である。これらの３類型を委員会設置会社と位置づけ（該当条文のなかで上記①～③に該当するものとして１～３号までの類型を規定する）、それぞれの呼称は、たとえば「委員会設置会社（○号会社）」とする。

「社外取締役３分の１以上」という条件に対しては、②③の場合には「過半数」とすべきであるという批判、また①の場合は不要であるとの批判があると思われる。独立性の論理を貫徹するためには②③の場合には過半数が必要となろうが、社外取締役の員数の確保が相当の負担になると思われること、社外取締役が３分の１以上であれば実際の取締役会の運営においてかなりの影響力があるとみられることから、３分の１以上という条件は相応の妥当性を有するものと考える。この点について

は、ニューヨーク証券取引所などの規則で取締役会の過半数が独立取締役とされたのはSOX法制定後であることが想起されるべきであろう。なお、現時点での委員会設置会社である会社が３分の１以上の要件を満たすことにさほどの困難はないと思われる。

このほか、この考え方に対しては、「現行の委員会設置会社からの後退」「②は不要ではないか」などの批判が予想されるが、委員会設置会社の数が漸減しているという現実を考慮すれば、なんらかの制度修正が必要な時期にきているのではないだろうか。委員会設置会社の特色の１つとして「委員会の権限がきわめて強い」（江頭前掲 p.513）ことがあげられるが、②はこの点を修正するものである。取締役会が決定権を留保するかたちではあっても、指名委員会・報酬委員会が機関設計として明確に位置づけられ、社外取締役がそれぞれ過半数を占めるという方式を選好する株主は、②を選択するものと考えられる。ここに法制上の位置づけを明確化して選択肢として②を規定する意義がある。

①～③のいずれとするかは定款で定めるものとされるから、委員会のワークの仕方を含めての経営機構の選択は株主に委ねられることになる。本制度の提案を契機に委員会設置会社を含めて見直しを行うことが、機関設計の複雑化を防止するとともに、現実的かつ戦略的な対応であると考える。

第8章 銀行のコーポレートガバナンス

本章では、公共性の高い企業である銀行のコーポレートガバナンスのあり方について考える。銀行は株式会社であるから、そのコーポレートガバナンスについても基本的には一般の株式会社と同じであるが、免許制のもとにあるため一般企業とは異なる場合が少なくない。先般の国際的な金融危機では各国の政策運営に対する批判が高まったが、金融機関のコーポレートガバナンスの実情に対しても厳しい見方が少なからず表明された。銀行業の特性をふまえ、最近の問題意識も織り込みつつ、銀行のコーポレートガバナンスについて考察することにしたい。

1 銀行業の特性

銀行は、株式会社であり、一定のガバナンス機構（取締役会、監査役会または委員会、会計監査人）を有することが求められる（銀行法4条の2参照）。したがって、銀行のコーポレートガバナンスの問題は、基本的には一般の株式会社と同様に会社法の定めるところによる。しかしながら、銀行は業務全般にわたって銀行法の規制を受けるから、そのガバナンスのあり方については銀行法（および関係法令）の影響を受ける部分が少なくない。

銀行はお金（マネー）を扱うビジネスである。銀行からみた場合に与信と受信の両面があり、さらに為替業務があるが、銀行に対して免許制のもとで広範な規制・監督が行われているのは、一般から預金を受け入れ、また決済業務に従事しているからである。E. G. コリガン（元ニューヨーク連銀総裁）がミネアポリス連銀総裁時代に発表した“Are Banks Special ?”（「銀行は特別か？」1982）と題する論考は、銀行業の分析における記念碑的な文献の1つである。このペーパーは、P. ボルカー連邦準備制度理事会議長（当時）との議論を受けて執筆されることになったものであり、バンキングとコマースの分離はなぜ必要かという問題の検討を主たる目的としたものである。コリガンは、銀行の特性は次の3点にあるとする。

① 銀行は決済勘定（transaction accounts）を提供する

② 銀行は他のすべての機関にとって流動性バックアップの源泉である

③ 銀行は金融政策の伝導ベルトの役割を有する

そして、銀行を他の機関と区別して定義する場合の概念としては①を用いるべきであるとする（銀行のバランスシートの資産サイドは特別なものではない)。このようにコリガンは負債サイド（預金）から銀行を定義することが規制のあり方を考えるうえで有効という見解に立つが、これはまさに核心をとらえているといえよう。なお、ここでの“special”は、機能的にみて銀行が他の機関（ノンバンク、一般の事業会社）と区別される特質を有するということであり、「特権的」という意味あいのものではない。

銀行、さらには銀行制度に対する信用が動揺すると経済全体に深刻な影響が及ぶ可能性があり、また実際にそうなる場合が少なくない。その「おそれ」が生ずること自体が重大な意味を有する。なぜならば、銀行業の特性から、不良債権問題を典型例として問題の発生は当該銀行にとどまらず他の銀行も同様であることが多く、不安感がいったん醸成されるとそれが波及して実態以上に大きな影響を及ぼす可能性があるからである。銀行の実態把握は一般の顧客には困難であり、また預金者は一刻も早くお金を手元に取り戻したいという心理状態になる。銀行と一般の預金者との間には「情報の非対称性」があるから、自己防衛のために預金を引き出すという行動に出ざるをえないわけである。

このように銀行には脆弱性が内在している。倒産の危機に直面した企業の資金繰りにおいてしばしば生殺与奪の力をもつ銀行という存在が、この種の脆弱性を有していることは皮肉なことであるが、これが自らのバランスシートを使いながら負債サイドと資産サイドの期間のミスマッチングにより収益をあげるという銀行ビジネスの本来的な属性であるといっても過言ではない。こうした問題をカバーするために、政府による規制・監督が行われ、預金保険などのセーフティネットが設けられている。個別銀行による対応では不十分な場合があるため、制度的に補強する必要があるわけである。預金保険の利用可能性は、銀行にとって資金吸収上のメリットである。このメリットを享受するために、銀行経営には健全性の維持が求められるという振合いにある。「銀行機能の維持が経済全体にとって不可欠であるというコンセンサスの確立がセーフティネットの存在を裏付けている。」（コリガン前掲）。

このような銀行の本来的機能とその不全が経済全体に及ぼす影響が大きいことから、政府による規制・監督の必要が生じる。もとより銀行の個々の顧客がそれぞれ銀行の状況をモニターして対応できるのであれば政府が乗り出すまでもないが、銀行業の特性からこうした事態は想定しにくい。一般に預金者にはモニタリングの能力が不足し、またそのインセンティブも乏しい。通常の預金は安全を旨とする商品であり株式のようにキャピタルゲインの可能性のある商品ではないから、小口の預金者にとってコストと手間をかけてまで銀行をモニターする動機に乏しく、経済合理性もない。預金保険の存在は、さらにそのインセンティブを弱めることになる。誰かがモニターした結果を利用できればよいことになり（いわゆるフリーライダー問題）、ここに預金者を代表してモニターする規制当局の役割がある。これが代表仮説の考え方である（M. ドゥワトリポン／J. ティロール（北村・渡辺訳）『銀行規制の新潮流』（原著1994、邦訳・東洋経済新報社1996）p.28）。

以上のような事情から銀行には免許制のもとでの規制・監督が行われるが、資金を貸し付けるという機能のみを担う機関（預金は取り扱わない）については必ずしも免許制である必要はなく、より緩やかな参入規制が許容される。たとえば、現行のわが国法制において貸金業は登録制である。また、株式ブローカー業務や有価証券の引受けを行う業者もマネーを扱うが、現行法制では登録制のもとにある。コリガンが指摘するように、決済勘定としての預金を受け入れる点に、銀行業と他の類似の業務とを区別する最も大きな理由があるといえる。なお、コリガンの1982年の論考については、執筆の経緯や苦労などを述べたコリガン自身による回顧がある（Are Banks Special ? A revisitation（The Region, 2000））。コリガンは、1982年の論考において基本的に「銀行は特別（special）」であるという見解に立つが、この立場はその後も変わっていない。

2 自己規律の重要性

貨幣（マネー）の経済的意義についてはあらためて述べるまでもないが、マネーを用いて財・サービスを購入することが基本的な機能であるものの、そのことゆえにマネーを貯めることが目的となる。「マネーの重要な属性は、とりわけ現在と将来をつなぐ巧妙な手段であることにある。」（J. ケインズ）ことの現れであろうが、別の角度からいえば人々の将来に対する不安心理の反映という面もあるのではないか。マネーを蓄積した人間がそれを失うことをおそれることも、その蓄積に拍車をかける傾向があるように思われる。また、「マネーは成功の得点掲示板（scoreboard）である。」（R. Posner, The Crisis of Capitalist Democracy（2010））という世の中の受け止め方も無視できない。

銀行業務の遂行に際しては、マネーが富の象徴であり人々の欲望の対象であることを忘れてはならない。銀行の役職員は冷静にマネーという存在を受け止め、処理していかなければならず、コンプライアンス研修の出発点はここにある。マネーを扱う業務に従事する者にとっては自己規律（セルフ・ディシプリン）が何よりも重要である。

銀行の業務のなかでガバナンスの観点から注視すべきは貸出業務であろう。銀行の「強み」はその裁量で（自らのバランスシートを使って）貸出を行うことができるという点にある。しかし、貸出は時価評価が困難な資産である。自己査定、公認会計士の監査、当局検査などによりチェックが行われるが、市場価格のある資産のようにリアルタイムで資産価値の把握が可能というわけではない。その意味で「不透明な」資産（“opaque” assets）である（F. エドワーズ）。貸出には裁量の余地が大きいこと、貸出資産の価値把握がむずかしいこと、貸出実行後の借り手のモニタリングが重要であることなど、注意すべき点が少なくない。貸出全体のリスクを軽減するためには分散を図ることが基本であり、この点の確認が銀行のコーポレートガバナンスの観点からも肝要である。

分散の重要性について、J. ヒックスは以下のように述べる。「同じ原理（引用者注：保険における大数の法則）を銀行業に適用することが、いつ知られるようになったかを明らかにすることはできない。……ルネサンス期の銀行業者は、まだこの原理を利用できなかったようである。しかし、（少なくとも17世紀以降）ルネサンス銀行業者の後継者にとって、この原理は大きな拠り所となってきた。銀行業への適用において、この原理はしばしば悪用されてきたけれども、いまなおそれは貸付市場拡大のためのもっとも重要な方法―おそらく終局的に―なのである。」（J. ヒックス（新保博訳）『経済史の理論』（原著1969、邦訳・日本経済新聞出版社1970）p.116）。

「預金の支払が可能だろうかという銀行に対する一般の信頼は、最終的には資産の質と銀行の全体的な財務状況の問題に左右される。」（コリガン1982前掲）という点を銀行のコーポレートガバナンスの実際にあたっては常に想起すべきである。また、貸出業務のほかに、近時の金融危機の実例が示すように銀行の負債サイドの安定性、言い換えればファンディング構成のあり方がいっそう重要な意味を有するようになってきていることに留意を要する。

1980年代後半からのバブルの生成と崩壊、アメリカのサブプライムローン問題など、多くの金融機関が類似の行動をとったことに示されるように「群れの本能」は金融の至るところに作用する。金融には自己増殖的な性質が内在しているがゆえにマクロレベルの制御が不可欠である。資産価格インフレーションの抑制と金融政策のあり方について分析と論議を深め、一定のコンセンサスを形成することが急務であろう。とはいえ、これは問題が目にみえる前に手を打たなければならないという性格のものであり、選挙に基盤を置く現行の政治システムにおいて、こうした事前防止型の政策を遂行することが容易でないこともまた現実である。危機を未然に防止するというタイプの政策は、問題の所在と当該政策の成果がよくみえないから世論にアピールすることはむずかしい。A. ソーキンは、次のようなアメリカのB. フランク議員の言葉を引用している。「政治の問題はここにある。危機を回避したからといって得点をあげることはできない。選挙民のところへ行って、「皆さん、事態は実に大変なことになっている。ご存知ないかもしれないが、もし私がいなければさらに大変なことになっただろう。」などと訴えても、政治の世界の歴史においてこんなことをいって選ばれた者はいない。」（Too Big to Fail（2010）p.542）。

少し飛躍するが、ここに一定の独立性を有する中央銀行制度の役割があると考えられる。国民から選ばれていない中央銀行総裁が大きな権限を有するのはおかしいという批判があるが、「世の中の評判は芳しくないが問題を未然に防ぐ」役割は選挙制度にさらされていないからこそ可能であるともいえる。W. マーティンFRB議長の「FRBの役割はパーティが盛り上がっているときにパンチボールを片付けることにある。」という表現はまさにこの問題の核心を言い当てたものであろう。ただし、中央銀行が現実にこのような政策を円滑に遂行できるかどうかは、中央銀行に対する一般の信頼があることが前提であることはいうまでもない。

個々の銀行としても、バブルの大波に巻き込まれないよう、あるいはダメージを限定するために、日頃からの備えが肝要である。経済に循環はつきものであり、ブームとその後の反動の帰結は金融の歴史の教えるところである。金融は適切に制御されるべきものであるという命題は、マクロ政策のレベルだけでなくそれぞれの銀行にも当てはまる。リスクテークの度合いを無理のない範囲内に収めることが大事であり、営業フロントに対して収益プレッシャーをかけすぎないようにうまく舵取りをしていくことも重要である。

リスクの測定、ストレス・テストなどの具体策の実施はリスク管理部署の所管するところであろうが、全体としての運営は取締役会のレベルで行われなければならない。定量的な測定の意味あいとその限界を確認しながら、自らの体力にあったリスクテークをするという姿勢が求められる。バーゼル銀行監督委員会は、2010年10月に「コーポレートガバナンスを強化するための諸原則」（以下「バーゼル諸原則」という）を公表した。これは、同委員会による1999年のガイダンス、2006年の改定原則を受け継ぐとともに今次金融危機の経験をふまえて策定されたものである。バーゼル諸原則は、監督当局のためのものであるが、銀行が自らのコーポレートガバナンスを向上させるための目安（reference point）にもなるとされる。バーゼル諸原則においては、取締役会の役割、リスク管理と内部コントロールなど多くの事項が取り上げられているが、リスク管理の項目においては、定量的分析と定性的分析を併せ用いることの重要性をはじめ、チェックポイントを丁寧に述べており、示唆に富む内容となっている。

3 健全性の制約下での利益の追求

銀行は、銀行規制の存在という基本的な制約条件のもとで株式会社としての営利目的を追求することになる。銀行法1条には「銀行の業務の公共性」「銀行の業務の健全かつ適切な運営」が明記されている。これは規制の目的とともに、銀行の経営においてサウンドバンキングの原則を指針とすべきことを規定するものである。この点について、「新銀行法（引用者注：現行の銀行法）では、その基本理念を明らかにし、法の運用・銀行行政及び銀行経営の指針とするため、目的規定を新設することとしている。」（大蔵省銀行局内金融法研究会「新銀行法の解説」(1981)）、「公的なセーフティネットの存在は、それを利用しうる機関に黙示的な行動規範と明示的な規制の遵守を求める。」（コリガン1982前掲）と述べられていることは参考になろう。

このように銀行経営の目的は健全性を確保しながら企業としての持続的な成功（企業価値の増大）を図ることにあり、利益と健全性という2つの目的（あるいは規準）の存在が銀行のコーポレートガバナンスにおいては重要である。銀行法1条にあるように銀行の業務には健全性だけでなく「適切な運営」が求められ、ここには利益の確保も含まれるであろうし、利益の蓄積による資本の厚みは経営の健全性のための重要な要素の1つであるから、この2つの目的（規準）は必ずしも対立するわけではない。両者の関係について若干付言すれば、株式会社を設立して事業を行う以上、出資に対する適切なリターンが求められるから利益をあげることが理念的には先行するようでもあるが、当該株式会社は銀行業を営むためのものであり（しかも銀行は他業禁止の原則のもとにある）、健全性の維持は銀行経営に対する基本的な要請である。したがって、健全性維持の枠組み（制約条件）のもとでの利益の追求という位置づけになると考えられる。

多くの銀行は上場会社であるから、株式市場はどちらを評価するかという問題でもある。単純すぎる図式化かもしれないが、市場は主として利益（収益力）に着目し、規制は健全性の維持を求めるという構図になろう。

株式市場は発行体としての銀行に何を求めるのか、言い換えれば銀行株の投資家（潜在的な投資家を含む）は何を期待するのであろうか。銀行株の保有動機としては、

① 株価の上昇によるキャピタルゲイン

② 配当

③ ポートフォリオの分散（株式市場に占める銀行セクターの時価総額の大きさから組み入れざるをえない場合もあろう）

があげられよう。なお、①に関して将来のTOBの際のプレミアムねらいという保有動機は、わが国の銀行株の現状ではあまりみられないと思われる。

投資家は投資判断において銀行の健全性をどの程度考慮するのであろうか。バランスシート・リスクが強く意識される局面

であればともかく、通常は株価上昇の可能性、すなわち将来の収益性に対してより大きな関心を有するであろう。そこで銀行経営者は、株式市場の評価を意識すればするほど、利益志向にならざるをえないことになる。リスクテークに慎重な経営をすればリターンの高さも相応に抑えられることになろうが、「健全な経営」として受け止められるか、あるいは「消極的な経営」と受け止められるか。いったん後者のレッテルが貼られてしまうと、たとえ実態はそうではなくとも市場の評価が下がるおそれがあるのは、銀行経営者にとって悩ましい問題である。

健全性に重点を置いたとき、市場からは必ずしも高い評価は得られないかもしれないが、ここで重要なのは時間の要素である。短期的には収益力において相対的に見劣りすることから市場の評価で劣後することがあっても、中・長期的には景気循環のサイクルを経て評価を確立するという展開も十分にありうるところである。経済に変動は避けられないから、賢明な銀行経営者としてはむしろこのような経営スタイル、すなわち「持続力のある辛抱強いプレーヤー」を目指すべきであろう。

フィナンシャルタイムズ紙に、アメリカのある機関投資家の投書が掲載された（2011年6月7日）。「成功する投資家は、単純なROEの高さではなく、リスク調整後のリターンの高さを求める。もし高いROEが高いリスクに由来するのであれば、投資家はそれをディスカウントしなければならない。しかし、銀行経営者の報酬体系はROEの高さにリンクし、投資家はリスクの適切な調整をしないままにリターンの高さを要求する。

これが是正されない限り、銀行はリターンの最大化と資本の最小化を追求することになろう。投資家はいまこそ原点に戻り、銀行経営者にこのことを伝えるべきである。」という骨子であり、投資家自らが積極的にメッセージを発信することの重要性を訴えた。もし株式市場が銀行の利益とリスクの関係を適切に評価し、経営姿勢の差異に注目するようになれば、市場からのフィードバックが銀行経営のバランスのとり方に影響を与えることになろう。

一方、利益の追求という点では、節度を保った貸出業務を軸としつつ、顧客のニーズにあわせたフィービジネスの展開を図り、同時にコスト低減策を着実に実行していくという基本に忠実な方策にならざるをえないと思われる。銀行の特色（強み）は、預金口座の機能と結びついたサービスの展開が可能であること、そしてマネーを取り扱う者のなかにおける銀行という機関に対する信頼感（およびそのイメージ）にある。銀行は、債券・投資信託・保険商品などの金融商品を取り扱っているが、これらを口座機能と結びつけること（たとえば継続的な収入の一部を定期的に金融資産購入に充てる積立型のサービス）によって広く顧客に対してアピールすることができるのではないか。「口座機能をベースとした資産運用・管理のプラットフォーム」というコンセプトである。

要はコントロールされたリスクの範囲内における持続的な収益の確保を目指すという路線であるが、問題は今日の競争環境のなかでそれが実現可能なのかということである。ブランチネットワークの基盤のうえで、どこまで魅力的な金融サービスを提供しうるかどうかであり、その際のコスト負担力があるのかという問題である。既往の営業圏や経営資源をベースにした展開に限界があるという判断であれば、スケールメリットを追求するための合併や経営統合も視野に入れることが必要になるものと思われる。

4 銀行経営への若干の示唆

コーポレートガバナンスのあり方という観点から、今後の銀行経営への示唆になると思われる点について若干述べることにしたい。

(1) ガバナンス機構

銀行の取締役会において、利益と健全性という2つの目的(規準)とその間のバランスを考慮した十分な審議が行われることが必要である。複数の社外取締役の選任は前向きに検討されるべきである。銀行の社外取締役に求められる資質としては、一般企業における社外取締役としての適性に加えて、銀行業の特性の認識とリスクマネジメントへの理解が求められる。なお、コーポレートガバナンス全般について、バーゼル諸原則において「監督当局は銀行のコーポレートガバナンスに係る方針と実務を定期的に包括評価し、銀行における本原則の実施状況を検証すべきである」とされていることに留意の要がある。

(2) 取締役へのオリエンテーション・研修

わが国では、従業員が部長や支店長などの職を経て取締役に就任することが一般的である。取締役の地位は「はしごの一段上」として意識されるかもしれないが、その役割・責任は従業員とは大きく異なることを自覚する必要がある。銀行は、新任取締役に対して基本的な事項（会社法の定める取締役の義務を含む）についてのオリエンテーションを実施し、また継続的な研修を実施すべきであろう。この点について、バーゼル諸原則は、取締役の新任研修や継続的研修について規定している。また、ニューヨーク証券取引所の規則は、コーポレートガバナンス・ガイドラインの策定と開示を義務づけているが、そのなかに「取締役に対するオリエンテーション、継続的研修」の項目を含めなければならないとしている。

(3) 歴史の教訓

金融において歴史を学ぶことの重要性はあらためていうまでもない。歴史の教訓を目の前の現実に応用する能力は、優れたバンカーに必須の資質であるといっても決して過言ではない。銀行は行員教育の一環として、過去の経験、特に金融バブルの生成・崩壊のなかでの苦い経験に学ぶプロセスを組み込むべきであろう。また、この点は日常の経営の意思決定におけるチェックポイントであり、コーポレートガバナンスのあり方という視点からも重要である。このような内部努力が行われているかどうかは、外部からのガバナンス評価の尺度の１つになるのではないかと思われる。

(4) 経営におけるバランス感覚

銀行の経営においては、利益と健全性という２つの目的（規準）の間で適切にバランスをとることが要請される。実際のバランスのとり方は、個々の銀行の状況によって異なることはいうまでもない。経済に変動はつきものであるから、それへの備えが肝要であり、時間軸のなかでのバランス感覚が求められる。「持続力のある辛抱強いプレーヤー」を目指すという発想が大事である。ただし、健全性を口実にいたずらにビジネスチャンスを見送るような消極的な経営姿勢が株主に支持されないであろうことはいうまでもない。

これまで健全性が求められる銀行について述べてきたが、一般企業と銀行との差異を過度に強調することは適切ではない。銀行のコーポレートガバナンスのあり方について述べたことは少なからず一般企業にも当てはまるものであることを付言しておきたい。

第9章 ガバナンス機構見直しの視点

本章では、法制審議会の会社法制部会において審議されたコーポレートガバナンスのあり方について、中間試案に掲げられた主な論点を項目別に考察し、私見を述べることにしたい。また、中間試案の論点には含まれていないが、取締役会議長とCEOの分離問題、会計監査人の再任みなし規定、取締役の一般的義務についても述べる。

1 社外取締役

上場会社等（上場会社およびそれに準ずる会社）については、複数の社外取締役を置くことが、取締役会における実効性ある審議や監督機能向上の観点から望ましい。とはいえ、第7章で述べたように、社外取締役の設置義務を法律や取引所規則で定めることには賛同できない。多様な企業が存在するなかで、一律の型を当てはめることには問題があり、企業の自主的な対応に委ねるべきであると考えるからである。「経営機構の改革の効果を発揮させるには、実権を握っている者が主体的に行うことが望ましい。社外取締役の選任強制は、ガバナンスの意識の高い経営者が他と差別化を図る手段の一つを奪い、消極的な経営者からは社外取締役の意義を内面化する機会を奪う。画一的な「上からの」社外取締役の積極的な登用推進は、疑問がある。」（注は省略）とする見解がある（齊藤真紀「企業統治」（『商事法務』No.1940）p.23）。

これらの点を考慮し、上場会社等に対しては、法律などによる社外取締役の義務づけはせず、社外取締役を置いているか否か、置いていない場合にはその理由を事業報告およびウェブサイトで開示する義務を会社法で規定することとしてはどうか。社外取締役の設置義務を課すのではなく、設置の有無についての開示義務を課すというものであり、ディスクロージャーのメカニズムを通じて株主・投資家の評価を問うという考え方である。

社外取締役の要件については、中間試案にもあるように、現行の定義に若干の事項を追加することおよび対象期間を設けることが妥当であろう。重要な取引先の関係者でないという要件については、「法的安定性の観点から、重要性の基準は、一義的に明確なものとする必要がある」（中間試案の補足説明）とされる。しかし、これを明確に法定することは容易ではないため、重要な取引先の関係者でないという点は取締役会の判断に委ねることとし、開示によって対応することが適切であると考える。すなわち、社外取締役とその候補者の独立性に関する取締役会の判断について、開示義務を会社法で規定するというものである。会社法施行規則において、独立性の判断に際してのチェックポイントを具体的に列挙するか、または取引所規則に準拠する旨を規定するという方式が考えられる。

これらの開示義務を課す会社の範囲に関し、会社法において上場会社等の概念を規定すべきである。この点について参考になるのはドイツである。ドイツでは、1998年の法改正で株式法に上場会社の定義を導入した（神作裕之「ドイツにおける会社法と資本市場法の交錯」（『商事法務』No.1865））。資本市場の概念を盛り込むことが、株式法における実効性のある規律のために適切であるということなのであろう。

先般のパブリックコメントにおいて寄せられた意見のなかには、社外取締役を義務づける会社の範囲に関して、会社法上の原則規定が金融商品取引法制に依拠する条文となるのは適切でないとするものがあったが、株式会社運営の問題をコーポレートガバナンスという概念でとらえざるをえないという点に、多数の株主と流通市場の存在という現実がある。わが国においても、上場会社の概念の位置づけについて少し発想を拡げて考える時期にきているように思われる。なお、「上場会社に準ずる会社」を含めて「上場会社等」とすべきであると述べたが、「準ずる会社」の範囲について、上場申請中の会社を含めることに異論はないであろう。そのほかに、たとえば株主数が一定数以上の会社を含めるかどうかは、さらに検討が必要であると思われる。

2 取締役会議長とCEOの分離問題

取締役会議長（以下「議長」という）とCEO（通常は社長）については、役割を分けて担当することが望ましい。経営のトップとは別の人物が議長となって取締役会の運営に気を配ることが、より活発な意見のフローをもたらすことになり、取締役会の実効性の向上に寄与することになると思われる。また、このような役割分担によって、取締役会の審議テーマが幅広いものになることが期待される。わが国でも、エーザイ株式会社（委員会設置会社）について、社外取締役が取締役会議長を務めることをはじめ、同社のコーポレートガバナンスの状況が報道された（日本経済新聞2008年７月25日）。同社のホームページではコーポレートガバナンス・ガイドラインなどの資料が詳しく公表されており、同ガイドラインにおいて「取締役会の議長は、執行役を兼任しないものとし、社外取締役の中から選定する。」と定められている。

ただ、各社それぞれの事情があるであろうし、会社の規模にもよることなので、法律や取引所規則などで一律に分離方式の導入を求めるとか議長の資格について定めることは妥当ではない。R.クラークは、「独立取締役が取締役会議長を務めるべきであるという論者はさらに当該企業の元CEOは議長を務めるべきではないと主張するが、おそらくそれが最も賢明かつ好ましい選択の１つであるという別の意見もある。」と述べる（R. Clark,“Corporate Governance Changes in the Wake of the Sarbanes-Oxley Act：A Morality Tale for Policymakers Too”（2005））。

この問題は、それぞれの企業におけるリーダーシップのあり方や会社運営の効率性に関連する面が少なくない。各社において自社の状況をふまえつつ検討が進められることが期待される。

3 監査役

わが国の監査役制度については、国際的にみてもユニークな存在であることに加え、最近では一定の範囲まで妥当性の監査といわれる性格のものが含まれるようになってきていることもあり、その存在意義を問う見解もある。

監査役は、戦前からの歴史を有し企業のなかに定着した制度となっている。明治期にわが国商法の土台を構築するのに大きく貢献し、旧商法（明治23年法）の実質的立法者といわれるヘルマン・ロェスレルは、江戸時代から続いている日本の企業文化のなかでは取締役会という会議体による運営では、そのなかに事実上の上下の傾斜がついてうまくいかないであろうし、ドイツ型の二層構造の監査役会・取締役会制度もなじまないとして、その草案で株主総会により選任される監査役の制度を採用した。ただし、ロェスレルの草案では取締役・監査役に相当する者の名称が「頭取」「取締役」となっていたが、その後の審議の過程で修正され、現在の名称が採用された。草案作成の経緯はロェスレルの鋭い観察眼を示すものであり、制度の構築にあたってそれを担うメンバーの発想や行動様式が考慮に入れられた例であるといえよう。ただ、このように取締役と監査役が並立する構造となったために、監査役制度が所期の成果をあげるには至らず、戦後の商法改正（1950年）において大きくその役割が後退することになった。ロェスレル草案とその経緯については、倉澤康一郎「監査役制度強化の方向」「監査役と取締役会」(『株式会社監査機構の在り方』(慶應義塾大学出版会、2007) 所収) による。

ドイツ型の二層構造の経営機構を採用するのであればともかく、監査役と業務執行機関とを現行のように並立の構造とする以上、適法性の監査を越える領域において取締役会の監督と監査役の監査がある程度重なり合うことはやむをえないであろう。なお、一定の事項 (たとえば代表取締役の選定・解職の決議) について、監査役に取締役会における議決権を付与するというアイデアが一部にあるようであるが、監査役制度の沿革や実際の運営からみて違和感を禁じえず、また会社実務に混乱を惹起する懸念もないとはいえない。

取締役と監査役で制度 (および名称) を分けて異なる役割を分担することの意義は小さくない。会社法において監査役の取締役会への出席義務・意見表明義務が法定されているが、このような義務の存在や役割・名称が取締役と明確に異なることは、実際問題として取締役会における質問や意見の表明をやりやすくする方向に作用する場合があると思われる。

少し視点を変えて考えてみると、監査の実をあげることができるかどうかのポイントは、情報とコミットメントである。情報の問題についてみれば、監査役会設置会社には常勤監査役の制度がある。常勤監査役は、社内の重要会議への出席、重要な稟議の閲覧、事業拠点への訪問、従業員との日常的な面談などにより、社内の状況についてかなりの情報を得ることができる。非常勤の社外監査役も監査役会などにおいて、常勤監査役からこれらの活動を通じての情報を入手しうる。一方、コミットメントとは、どのぐらいの時間と集中力をもって当該会社の実務に携わることができるかという問題である。

この点に関連して、法制審会社法制部会（第3回）において、ある委員から次のような発言があった。「監査委員会というのがどう運営されているかということを聞いてみたのですが、……やはり常勤の監査委員を置いたり、……事実上、常勤の監査委員的な役割を担う取締役を設置したりして、運営されていられるところが多いようでございます。……常勤者として社内に常時いる立場の方と、月に何回かだけ会議に出席されるという立場の方では、情報量が相当違うということのようでありまして、監査役会あるいは監査委員会のいかんにかかわらず、やはり常勤者の存在というものが非常に重要なことであるというような姿が浮かび上がってきました。」（法務省ホームページ掲載の議事録）。監査実務の状況が的確に述べられていると思われる。

常勤者の論点は監査・監督委員会の制度に関してのものであるが、仮にこの制度を導入することとしたときに、法で常勤者を義務づけるまでの必要があるかどうかは慎重に検討すべきである。私見では、各社の判断に委ねることとし、常勤者の義務づけはしないということでよいのではないかと考える。

常勤監査役と社外監査役の組合せという現行の監査役会設置

会社の体制と社外取締役主体の体制（委員会設置会社または監査・監督委員会）を比べてみたときに、監査の実際においてどちらが実効性の面で優れた制度となりうるかは一概にはいえないであろう。法令上の位置づけや権限を比較することよりは、情報とコミットメントという実質的な観点から判断されるべきであると思われる。

わが国の監査役制度が国際的にみてユニークなものであり、ややわかりにくい制度であることも、コーポレートガバナンスのあり方に関する論議において上場会社には社外取締役の設置を義務づけるべきであると主張される一因になっているように思われる。この点は、株主・投資家（特に海外）に対してさらに説明し理解を求めるとともに、歴史的に形成されてきた制度と実態という面を考慮しつつ、今後の制度設計を図るというアプローチにならざるをえないように思われる。選択の幅をもたせた委員会設置会社制度（次項）との比較のなかで、次のステップにおける監査役制度のあり方を探るというスタンスが妥当であると思われる。

4 委員会設置会社

委員会設置会社は100社（上場・非上場計）を超える時期もあったが、現在では90社程度になっている。このような状況を考慮すれば、今回の監査・監督委員会設置会社制度の提案を契機に、委員会設置会社を含めて見直しを行うことが望ましい。第7章で述べたように、社外取締役が取締役会の3分の1以上であることを条件とし、監査委員会を必置として、

① 指名委員会・報酬委員会の権限は現行制度と同じ
② 指名委員会・報酬委員会の権限は取締役会への提案の作成
③ 指名委員会・報酬委員会は設置しない

という3つの類型（各委員会の過半数は社外取締役。いずれも執行役を置く）を設けて、どの類型を選択するかは定款で定めるという方式が考えられる。この3つの類型は、いずれも委員会設置会社として位置づけ、そのなかのヴァリエーションとする。

この考え方は、委員会設置会社制度の現状を勘案し、制度の弾力化を図るものである。また、機関設計の複雑化を回避し、わが国の上場会社の機関設計は、監査役会設置会社と上記の弾力化された委員会設置会社の2つが基本型であるという、わかりやすいかたちにすることをねらいとするものでもある。

5 会計監査人

会計監査人の選任・解任の議案および報酬等の決定について中間試案は３つの案を提示したが、現状のとおりとするＣ案でさしつかえないと考える。

会社法では会計監査人の任期は１年であるが、定時株主総会で別段の決議がないときは当該定時株主総会で再任されたものとみなすと規定されている（会社法338条２項)。中間試案の論点にはあげられていないが、上場会社等については、このみなし規定を改めて、毎年、定時株主総会で選任または再任の議案を提出する方式にすることが適切であると考える。これはイギリスの制度を参考にしたものである。イギリスの会社法（2006年法）では、会計監査人の任期は１事業年度であり、公開会社（public company）については、私会社（private company）の場合と異なり、一定の場合に再任されたものとみなすという規定は置かれていない。

6 取締役の一般的義務

中間試案の論点にはあげられていないが、やや中期的な課題として、取締役の一般的義務についての規定の見直しを検討することが望ましい。

会社法では、会社と取締役との関係は委任の規定に従う（会社法330条）とされているので、取締役の注意義務については民法を参照する必要がある。民法は、「受任者は、委任の本旨に従い、善良な管理者の注意をもって、委任事務を処理する義務を負う。」（644条）と規定する。ただ、一般人が取締役の立場に立ったときに、何が委任の本旨なのかが必ずしも明確ではないように思われる。株式会社の取締役として求められる善管注意義務は何かを、よりわかりやすいかたちで、可能であればややブレークダウンして規定することが望ましい。

また、会社法は取締役の忠実義務を規定する（「取締役は、法令及び定款並びに株主総会の決議を遵守し、株式会社のため忠実にその職務を行わなければならない。」（355条））。会社法355条の前身の条文は、1950年商法改正でアメリカ法の考え方の影響を受けて設けられたものである。「株式会社のため忠実に」とは、取締役がその地位を利用して自己または第三者の利益を図って会社の利益を害してはならないという意味である（前田庸『会社法入門（第12版）』（有斐閣、2009）p.413）。

忠実義務と善管注意義務の関係について最高裁大法廷の判決（1970年6月24日）は、商法（当時）における忠実義務の規定は「民法644条に定める善管義務を敷衍し、かつ一層明確にしたにとどまるのであって、……通常の委任関係に伴う善管義務とは別個の、高度な義務を規定したものとは解することができない。」と判示した。たしかに355条の前半部分の表現からは、判例のように解するのが自然であるように思われる。また、取締役と会社との関係は委任に関する規定に従う（330条）とされているが、取締役は委任者である会社のために忠実に職務を執行するのは当然であり、善管義務はこれを含むという考え方がある。とはいえ、監査役などの役員については忠実義務が規定されておらず、執行役（委員会設置会社の場合）について355条が準用されていることから、この規定は業務執行を行うがゆえに取締役や執行役において生じがちな問題に対応するためのものであると考えられる。

一般人の取締役が会社法の条文を一読したときに取締役の義務の内容を把握しやすいように、そして忠実義務と善管注意義務の関係を理解しやすいように、条文の表現や位置づけの見直しについて検討することが望ましい。なお、イギリスの2006年会社法は、取締役の一般的義務を成文化した。「全体として成文化の主要目的は、取締役に対して法がより目に見えるようにすることにある。」（第3章Davies 2010前掲 p.147）とされるが、その経緯と規定の内容には参考になる点が少なくない（第3章参照）。

第10章 会社法制の見直しに関する要綱

法制審議会総会は、2012年9月7日、会社法制部会の決定した会社法制の見直しに関する要綱案を採択し、要綱として法務大臣に答申した。中間試案へのパブリックコメントの後、会社法制部会ではその結果を受けて審議が行われ、6月からは要綱案の作成に向けた審議が行われた。8月1日の部会で要綱案を取りまとめ、法制審議会総会で採択されたものである。本章では要綱のなかでコーポレートガバナンスに関する部分の概要を紹介することにしたい。

1 会社法制部会の審議の経緯

会社法制部会（以下「部会」という）は、第17回（2012年2月22日）においてパブリックコメントで寄せられた中間試案に対する意見の概要の報告が行われた後、中間試案においてなお検討するとされていた事項などの審議を行い（第17～20回）、次いで第21回の部会（6月13日）から会社法制の見直しに関する要綱案の作成に向けた検討に入った。7月に2回にわたり開催された部会の審議の後、8月1日の部会において要綱案の取りまとめが行われ、決定された。

9月7日の法制審議会総会において要綱案が採択され、「会社法制の見直しに関する要綱」として滝実法務大臣に答申された。部会が審議を開始したのは2010年4月であるから、答申までに約2年半が経過したことになる。今後はこの要綱に基づき法案作成作業が行われ、国会に提出されることになる見通しである。

2 「会社法制の見直しに関する要綱」について

「会社法制の見直しに関する要綱」（以下「要綱」という）は、「第１部　企業統治の在り方」「第２部　親子会社に関する規律」「第３部　その他」から構成されている。この構成は中間試案と同じである。このうち第１部のなかで本書の内容に関係の深いテーマについてその概要を述べることにしたい。

第１部は、「取締役会の監督機能（監査・監督委員会設置会社制度、社外取締役等）」「会計監査人の選解任等に関する議案の内容の決定」「資金調達の場面における企業統治の在り方」に分かれている。

(1)　監査・監督委員会設置会社制度（仮称）

取締役会の監督機能については、まず監査・監督委員会設置会社制度（仮称）の新設がうたわれている。要綱における監査・監督委員会設置会社制度（以下「本制度」という）の内容については基本的には中間試案におけるものと同様である（第７章参照）が、中間試案ではなお検討するとされていた事項があり、若干の点において中間試案とは異なるものとなっている。

まず、監査・監督委員会設置会社において常勤の監査・監督委員の選定を義務づけるかどうかという問題である。中間試案においてはなお検討するという取扱いであったが、要綱ではこの点には言及されていない。したがって、常勤の監査・監督委員を置くかどうかは各社の判断に任されることになると解される。これは、現行の委員会設置会社における監査委員と同様の位置づけである。

また、監査・監督委員会設置会社の取締役会の権限について、取締役会が自ら決定しなければならない業務執行に関する事項（会社法362条4項に規定する事項）をどこまで限定するか、言い換えれば取締役に委任することのできる事項をどこまで拡大するかという論点がある。この点について中間試案では、重要な財産の処分および譲受け、多額の借財の2点を取締役に委任可能とするものとし、その他の事項（362条4項3～5号）の決定について取締役に委任可能とするかどうかについては、なお検討するという取扱いになっていた。

要綱において、取締役会は、経営の基本方針、監査・監督委員会の職務の執行のために必要なものとして法務省令で定める事項、業務の適正を確保するための体制の整備（362条4項6号）をはじめ監査・監督委員会設置会社の業務執行を決定するものとされる。また、取締役の職務の執行の監督と代表取締役の選定・解職も取締役会の権限とされる。

362条4項各号に規定する事項その他の重要な業務執行については、本制度においても取締役会の決議事項とされ、これが原則であるが、2つのバリエーションが認められている。第1に、取締役の過半数が社外取締役である場合には、取締役会の決議により、重要な業務執行（委員会設置会社において執行役に決定を委任することができないものとされている事項を除く）の決定を取締役に委任することができる。第２に、定款で定めることにより、重要な業務執行（委員会設置会社において執行役に決定を委任することができないものとされている事項を除く）の全部または一部の決定を取締役会決議により取締役に委任することができる。

このように取締役の過半数が社外取締役の場合とそうでない場合を分け、前者については取締役会の決議により、後者については定款で定めれば取締役会決議により、一定の事項を除いて重要な業務執行の決定を取締役に委任することができるとしている。

なお、本制度の呼称については、要綱においても従前と同様に「(仮称)」が付せられており、立法段階で名称が変更される可能性もないとはいえない。

⑵　社外取締役および社外監査役に関する規律

a　社外取締役の義務づけ

社外取締役の設置の義務づけの問題は、今回の会社法制の見直しのなかで最も論議を呼んだ論点の１つである。パブリックコメントにおける意見の概要については第７章で紹介したとおりであるが、法制上の義務化に対し経済界はおしなべて反対の意見であり、その後の部会の審議においても繰り返しその意向が述べられてきた。経済界においても企業が自らの判断で社外取締役を置くことに異論はなく、上記の反対意見は法律による義務化という点に対してである。また、法律による義務化に反対または消極的な意見は、経済界以外からも表明されていた。

要綱は、社外取締役の義務づけについては述べていない。「2　社外取締役及び社外監査役に関する規律」の冒頭に置かれた（前注）において、「監査役設置会社（公開会社であり、かつ、大会社であるものに限る。）のうち、金融商品取引法第24条第1項の規定によりその発行する株式について有価証券報告書を提出しなければならない株式会社において、社外取締役が存しない場合には、社外取締役を置くことが相当でない理由を事業報告の内容とするものとする。」と述べる。社外取締役の設置の義務づけを法定するのではなく、事業報告において社外取締役を設置しない場合にはその理由とともに開示することを求めるというものである。なお、上記（前注）においては、その発行する株式について有価証券報告書提出義務がある株式会社とされており、中間試案（B案）では有価証券報告書提出義務がある株式会社とされていたのと比べると対象会社の範囲が限定されている。たとえば、公募社債の発行のみにより有価証券報告書を提出しなければならない株式会社はその対象から除外されることになる。

この要綱の取扱いに基本的に異論はないが、やや気になるのは上記（前注）における「相当でない理由」という表現である。相当でないという表現は裁判の判決理由などでしばしば用いられるものであるが、必ずしも一般的・日常的な言葉ではなく、会社実務や報道などにおいてその意味あいがどのように受け止められるかという問題がある。単に「社外取締役の設置の有無、社外取締役を置かない場合にはその理由」を事業報告の内容とするということでよかったのではないだろうか。

部会は、要綱案の決定に際し本件について以下のような附帯決議を行った。

「1　社外取締役に関する規律については、これまでの議論及び社外取締役の選任に係る現状等に照らし、現時点における対応として，本要綱案に定めるもののほか、金融商品取引所の規則において、上場会社は取締役である独立役員を一人以上確保するよう努める旨の規律を設ける必要がある。

2　1の規律の円滑かつ迅速な制定のための金融商品取引所での手続において、関係各界の真摯な協力がされることを要望する。」

また、部会における要綱案の取りまとめを受けて、東京証券取引所は8月1日付で社長談話を発表し、そのなかで東証としては「上場会社に対しては、新たに導入される「監査・監督委員会設置会社」への移行の検討を含め、独立した社外取締役の確保に努めるよう、この機会にあらためて要請することとした。」とした。東証は、上場会社代表者宛てに「独立した社外取締役確保のお願い」と題する社長談話と同趣旨の文書を同日付で発信した。

b　社外取締役等の要件

社外取締役の要件に、親会社等の関係者でないこと、兄弟会社の関係者でないこと、当該会社の関係者（役員・重要な使用人など）の配偶者・２親等内の親族でないことを追加するものとされた。社外監査役については、上記の要件のほか親会社等の監査役でないという要件を追加するものとされた。

「重要な取引先の関係者でないこと」の要件を追加することについては、要綱は触れていない。部会の審議においては、諸外国におけるコーポレートガバナンスのルールなどを勘案してこの要件を追加すべきであるという意見が主張され、中間試案ではなお検討するという取扱いであった。中間試案の補足説明では、重要性の基準については法的安定性の観点から一義的に明確なものにする必要があるとされていた。パブリックコメント後の部会において、この要件を加えるかどうかについて重ねて審議されたが、要綱に盛り込まれるまでには至らなかった。

c　社外取締役等の要件に係る対象期間の限定

要綱は、社外取締役・社外監査役の要件のうち、いわゆる過去要件の対象期間を就任前10年間とする。パブリックコメントでは、中間試案で示された10年という期間は長いのではないかという意見（５年間とすべきであるなど）も少なくなく、またその後の部会の審議でも10年間よりも短い期間とすべきであるとの意見も表明されたが、要綱では中間試案の立場が採用された。

(3)　会計監査人の選解任等に関する議案の内容の決定

会計監査人の選任・解任の議案および報酬等の決定につい

て、要綱では株主総会に提出する会計監査人の選任および解任並びに再任しないことに関する議案の内容の決定権を監査役(会)に付与するものとされた。

会計監査人の報酬等の決定権を監査役(会)または監査委員会(委員会設置会社)が有することにするかどうかについても中間試案では論点としてあげられていたが、この点については要綱では言及されていない。パブリックコメントにおいては、少数ながら、「監査業務における連携を重視すれば監査役等が選解任議案の決定権を有することが適切であるが、会計監査人の報酬等については費用支出に関する経営判断の要素が強く、監査役等がそうした任務を果たすにふさわしいとは思われない。」という意見が表明されていた。その後の部会において報酬等の決定権について論議されたが、要綱は選任・解任・不再任に関する議案の決定権のみを改めるという立場をとった。

委員会設置会社の監査委員会は、会計監査人の選任・解任・不再任に関する議案の決定権限を有するが、報酬等については同意権である。要綱では、監査役(会)設置会社の監査役(会)は、この点に関し監査委員会と同じ権限を有することになる。

(4) 支配株主の異動を伴う募集株式の発行等

要綱は、「第3　資金調達の場面における企業統治の在り方」において、いくつかの項目を設けている。そのなかでは支配株主の異動を伴う募集株式の発行等についての規律の帰趨が注目を集めていた。

要綱では、公開会社において、募集株主の引受人について引受後の議決権割合が子会社等の保有分を含めて２分の１を超える場合、原則として会社は払込期日（期間を定めた場合はその初日）の２週間前までに株主に対して一定の事項の通知をする義務がある（公告で代えることも可。金融商品取引法上の届出をしている場合などにおいては通知不要）とされ、総株主の議決権の10分の１以上を有する株主が当該引受人の引受けに反対する旨を通知（公告）の日から２週間以内に会社に通知したときは、上記の期日の前日までに、当該引受人に対する割当てまたは総数引受契約について株主総会の承認を受けなければならないものとされた。ただし、当該会社の財産の状況が著しく悪化している場合において、当該会社の存立を維持するため緊急の必要がある場合にはこの限りでないものとするとされた。

このように支配株主の異動を伴う場合の募集株式の発行等について一定の制約が課せられることになった。この項目は、中間試案では「支配株主の異動を伴う第三者割当てによる募集株式の発行等」となっていたものであるが、要綱では第三者割当てに限定されていない。また、例外的に株主総会の承認を要しないとするただし書において、「著しく悪化」「存立を維持する」「緊急の必要」という文言が用いられていることに注意を要する。

終章 今後のコーポレートガバナンスへの着眼点

本章が最終章になるが、今後のコーポレートガバナンスのあり方を考えるうえでの着眼点とでもいうべきものについて若干考察することにしたい。エージェンシー理論とその問題点、取締役会の機能と情報の役割および企業を取り巻く市場とコーポレートガバナンスの関係について述べるとともに、それぞれの国・社会の事情に即したコーポレートガバナンスが重要であることを指摘する。

1 エージェンシー理論による分析の限界

まず、コーポレートガバナンスをエージェンシー理論の枠組みで分析することについてである。この理論は1970年代以降アメリカで発展したものであるが、本人とエージェント（ここでは株主と経営者）の利益は必ずしも一致しないという仮定に立つ。たとえば、経営者は自らの影響力を高めたいという動機で企業規模の拡大を目指す傾向があるが、これは必ずしも株主の利益に一致するとは限らない。また、エージェントには、shirking（手抜き・怠慢）の可能性がある。取締役会（ボード）による監督、経営者への報酬支払方法の工夫、監査済みの財務諸表などは、エージェンシーコスト（監視のコストなど）を削減するための仕組みである。エージェンシーコストを削減し、株主の富を最大化することが株式会社の目的であるとされる。なお、この理論において、エージェンシー関係とは、法律上の代理の関係にとどまらず、広く一方が他方のためにサービスを提供する（かわって意思決定することを含む）関係をいう。なお、取締役は会社のためにその職務を行うものであり、法的には株主の代理人ではない。

エージェンシー理論は、株式会社における所有と経営の分離という現実に内在する問題点を鋭く指摘するものである。とはいえ、会社・株主・取締役の関係についてみると取締役は株主の代理人ではないなど、現行のアメリカの会社法はエージェンシー理論に合致するかたちの規定にはなっていないこと、エージェンシー理論は株式会社の実態を的確にとらえる枠組みではないなどの批判がある（M. Blair / L. Stout, “A Team Production Theory of Corporate Law” (1999) および両名の共同または単独の著作・論文）。

また、自己の利益を優先する行動や手抜きを前提とする分析は、わが国の多くの企業人にとって、いささかなじめないものがあるのではないだろうか。経営者に自己利益追求動機があるとしても、実際の行動様式やその基底にある価値観は国・社会によってかなり違いがあるように見受けられる。なお、経営幹部の場合、shirkingといっても長い昼食時間によって労働時間を短くするというタイプの行動ではなく、新しい環境に対応する努力をするよりも陳腐化したやり方に満足するというもの、すなわちmental shirkingが重要な問題であるという指摘がある（第4章Gevurtz前掲 p.236）。

一般にエージェンシー理論による分析では、会社は種々の契約関係の要（連結点）であるとし、コーポレートガバナンスの問題を株主と経営者の関係に集約してとらえ、それ以外の当事者（従業員、取引先、債権者など）と会社との関係は事前の取決め（契約）によって対応可能という考え方に立つ。しかし、株主以外のステークホルダーも会社との間で特有の関係を有する場合が少なくなく、事前にその要素のすべてを契約に織り込むことはむずかしい（契約の不完備性）。この点に注目するのが企業特有の投資の考え方である。

Blair / Stoutは、会社と利害関係者の契約に立脚して株式会社をとらえるというアプローチを否定はしないが、「明示的な契約」で達成しうることの限界を指摘するものであり、企業特有の投資の観点からエージェンシー理論による株式会社のとらえ方を批判する。前掲論文に沿ってその考え方の概略を述べると、株主以外のステークホルダー、すなわち従業員や取引先、さらには地域社会なども会社との間で特有の関係に立つことが多い。継続的関係にある当事者は、当該企業に特有の知識・技術などを取得する必要があり、そのために費用を支出し、時間を投入する。また、当該企業の事業との関係において特有の設備投資やインフラストラクチャーへの投資を行う場合も少なくない。このような企業特有の投資（firm-specific investment）は、その関係から離れた場合や当該企業の破綻の場合には大幅に価値が減少せざるをえない。その価値は、ゴーイングコンサーンとしての当該企業の活動に大きく依存することになる。Blair / Stoutは、企業特有の投資の例として新薬開発のプロジェクトに共同して携わる者のケースをあげる。新薬開発のためのスキルやそのために費やした時間は、もしそのプロジェクトがうまくいかなければほとんど無価値になる。このコミットメントは撤回不可能な投資を意味することになる。

企業特有の投資を行う者について、事前の取決め（契約）によって貢献度に応じた成果の分配の取決めをすることは困難である。言い換えれば、これらの者は残余権を有する存在であるとしてとらえられるべきであり、ステークホルダーのなかには株主以外にも残余権の保有者としての性格を有するものが存在することになる。なお、株主についても、当該企業に出資するまでは、そのマネーは汎用的な代替可能の性格を有するが、いったん株式のかたちで出資されればその多くは企業特有の投資（特定製品の生産設備など）に支出されるから容易には投資元本の回収はできないことになる。

株主以外の関係者については契約による取決めが可能とする考え方、すなわちエージェンシー理論が想定する株式会社の姿に対して、Blair / Stoutは、労働力について同じ質のものがいつでも市場で調達できる（代替可能）と想定することは現実的でないことをはじめ、現実の企業活動から乖離していると指摘する。そして、株式会社は財産の束（bundle of assets）であって株主がその所有者（owner）であるととらえる企業観ではなく、公開会社である株式会社は企業特有の投資を行う者の要（結節点）としてとらえられるべきであるとする。会社の資産は株主に属するのではなく、会社自身（corporate itself）に属するというのである。

取締役会（ボード）の役割については、企業活動に携わるさまざまな関係者の利害を調停し、会社のために寄与するという方向にチームメンバーのインセンティブをそろえる役割をするのがボードであり、調停者としての機能を担うものであるとする。エージェンシー理論においては、本人（株主）—エージェント（経営者）という直線的な関係、あるいは株式会社組織の頂点に「所有者」でありプリンシパル（本人）である株主が位置するという階層的な構造が想定されているが、ここではさまざまな利害関係者との接点を有するものとしてボードが位置づけられる。会社法は、調停役であるボードメンバー（取締役）に忠実義務、すなわち自己の利益よりも会社の利益を優先する義務を課すことによって、こうした調停が円滑に進むようにしている。調停がうまく進むためには利害関係者から直接の干渉を受けないようにする必要があり、裁量範囲の広い公開会社のボードはそのようなかたちになっているとする。すなわち、公開会社では、分散された株式保有構造のもとで特定の株主の影響力は弱い。Blair / Stoutは、ボードは株主の権利それ自体を守るために存在するものではなく、企業チームのすべてのメンバー（株主を含む）の企業特有の投資を守るための存在であると主張する。株主は、他のステークホルダーにはない権利（株主代表訴訟を提起する権利、議決権）を有するが、これは株主が取締役に対して独特の権利を有するからではなく、株主が企業を構成する利害関係者の連合体の利益を最もよく代表することに基づくものであるとする。

Easterbrook / Fischelは、従業員の「企業特有の人的資本」について述べるが、従業員は自らの企業特有の人的資本を防衛するために退職時点でのパッケージを交渉し受諾することができれば不満はないはずであるとする。従業員や残余権者以外の投資家は、明示的な、交渉による契約で対応することができるとする。Easterbrook / Fischelも企業特有の人的資本という概念について述べるが、適切な契約による対応が可能という考え方をとる点でBlair / Stoutとは異なっている（F. Easterbrook / D. Fischel, The Economic Structure of Corporate Law（1991）p.37参照）。

Blair / Stoutの考え方をエージェンシー理論による株式会社の理解やコーポレートガバナンスのとらえ方と対比して述べれば、概略以上である。企業特有の投資という観点からの分析は興味深いものであり、コーポレートガバナンスのあり方を考えるうえで示唆するところが少なくない。この考え方に対しては、現実の公開会社のボードは１～２カ月に１度という開催頻度であり、さほどの真剣な議論もなく審議が進むケースが一般的であろうから、この事実と調停役としてのボードが最上部に位置するというモデルとは実際問題として整合的なのかという指摘や会社の最上部における調停の機能の多くは実際にはCEOが担っているのではないかという指摘がある（R. Hamilton / J. Macey, Cases and Materials on Corporations（8th edition, 2003）p.28のNotes）。公開会社において中立的なボードが調停者として行為することが会社法に規定されているわけではないから、この理論は規範的なモデルとしてとらえるべきであるという指摘もある（同上掲載のD. Millonの論評）。また、株式会社の実際の舵取りという観点に立ったときに、取締役・経営者に対する指針としてこの調停型のモデルはどのように機能することになるのか、事業継続が困難になった場合についてはどうかなど、さらに考察すべき点があるように思われる。とはいえ、株式会社を把握する枠組みとして示唆するところが少なくないものであり、その指摘するところについてさらに分析・検討が進められることが望ましい。

企業特有の投資を尊重することは、国民経済的にも意義がある。ただし、この視点から株式会社を分析し、把握するとしても、それを法的な規律にどこまで織り込むべきか否かという問題については慎重な検討が必要であろう。たとえば、これらの株主以外のステークホルダーに取締役・監査役の選任権を与えることが適切であるということに直ちになるわけではない。

エージェンシー理論による分析に対して、以上のようにアメリカでは会社法の規定と合致しないという指摘や企業特有の投資の観点からの批判がある。経営者や従業員の行動様式の差異もあり、わが国のコーポレートガバナンスのあり方をエージェンシー理論にそのまま依拠して論ずることは必ずしも適切ではないであろう。

2 取締役会と情報の役割

次に、取締役会（ボード）についてである。コーポレートガバナンスの論議は取締役会改革論として提起されることが多い。株主総会や株主権の見直しという方向というよりは、ボードに焦点が当てられる。合理的無関心（rational apathy）やフリーライダー問題など、株主の役割には限界があるからであろうか。

この点に関しA. キャドベリー卿は、「コーポレートガバナンスに関する議論は、取締役会の役割に焦点を当ててきた。なぜなら、取締役会はみずからアカウンタビリティを負う相手と取締役会に対してアカウンタビリティを負う者との架け橋であるからである。取締役会は、公開会社における株主と経営者、より広義でいうと資金提供者とその利用者の結節点である。同様に、……会社と社外の間もつないでいる。」（第7章のキャドベリー前掲 p.37）と述べている。ボードが対外的・対内的に負う役割を的確に表現しているといえるとともに、こうした「架け橋」の役割を果たすことが期待されているがゆえに、コーポレートガバナンスの論議あるいは株主の批判・注文はボードに対して向けられることになるのであろう。

「株式会社の正規の機関として法が株主総会・取締役および監査役の三者の鼎立を認めたのは、近代国家における三権分立の思想に影響されたものである……」（鈴木竹雄『新版会社法（全訂第5版）』（弘文堂、1994）p.158）とされる。とはいえ、大統領制のスタイルではない。株主は、ボードメンバーである取締役を選ぶのであって経営トップを直接選ぶのではない。

株式会社における通常の意思決定の最上部に会議体である取締役会が位置するのはなぜか。第6章で述べたように、会議体において論議を尽くすことが期待されており、また規律（ディシプリン）を要する事項については会議体による意思決定が総じて適しているとされていることもあげられよう。取締役会に議案のかたちで提出されること自体が、組織の透明性とルール重視を示すものであるといえる。

S.ベインブリッジは、

① 会社法は会社の意思決定において取締役会に中心的な役割を付与している

② 実証的にみると会議体の判断のほうが単独の個人のそれよりも優れた結果をもたらすことが多い

③ アカウンタビリティ（説明を伴う責任）の伴わない権力・権威はご都合主義になりがちである

④ グループによる意思決定は社会的な規範に沿うものとなる傾向がある

として、取締役会の役割の重要性を指摘している（第4章Bainbridge前掲）。

ボードの実効性と監督機能の向上のため、これまでたびたび述べてきたように、独立性を有する社外取締役の設置が望ましい。とはいえ、多々益々弁ずということではない。ボードがその機能を発揮するためには的確な情報のフローが不可欠であるが、社外取締役には当該企業に関する情報（業界情報を含む）が不足しているからである。ソニーの取締役会議長である小林陽太郎氏は、「……社外取締役が多ければいいというものではない。ソニーの場合、取締役会で社内の情報が足りないと感じることがあった。ソニーは今後、社内の取締役をもっと増やした方がいいかもしれない。」と述べる（日本経済新聞2012年２月26日）。三菱ケミカルホールディングスの小林喜光社長は、社外取締役の数を増やせば内部からの取締役登用の機会が減少して企業の活力をそぐことになると指摘する（齊藤惇東証グループ社長との対談。日本経済新聞2012年３月11日）。また、先般のオリンパスの臨時株主総会では、「純粋なオリンパス出身者が３人だけで、経営戦略を深く練れるのか」という疑問が提出されたという（日本経済新聞2012年４月21日）。

ボードは監視・監督の場であると同時に、前向きな意思決定における経営陣の意欲・姿勢を確認するという場でもある。企業の推進力が不十分であればそもそも企業の目的を達成することはできない。一般的にいえば、CEO以下の内部取締役は利益の追求や規模の拡大にウェイトがかかる発想に立ち、社外取締役はリスクの所在・程度と問題発生の未然防止の観点により重点を置いた発想に立つことが多いであろう。とはいえ、双方とも程度の差はあるとしても、当該案件を含めて企業の直面するリスクを慎重に測りながら前向きの方策を考えていくという視点、言い換えればリスクに目配りしながらも企業の推進力を生かすという基本の姿勢に共通のものがなければならないであろう。

私見では、実証的な裏付けがあるわけではないが、わが国の現状では社外取締役の比率は取締役総数の３分の１程度というレベルが妥当であると考える。なお、社外取締役の設置がボードの実効性向上などの視点から望ましいことは繰り返し述べてきたところであるが、その設置義務を法律や取引所規則で定めることには第７章に述べた理由で賛同できないことを念のため付言しておきたい。

3 フィードバック・メカニズムのなかのコーポレートガバナンス

企業はさまざまな市場に囲まれている。製品市場や労働市場があり、上場会社については株式市場がある。公開買付けなどの会社支配権の市場（market for corporate control）がある。わが国では未発達ながらも経営者の市場もある。

製品市場の競争圧力が強ければ、経営者はコストダウンの努力をはじめ利益の確保に傾注せざるをえない。エージェンシー問題の懸念は、実際問題として減少することになる。

株式市場の評価が重要であることはいうまでもないが、コーポレートガバナンスの体制構築に注力するだけでは不十分であり、リスクテークの適切性と効率的な経営がポイントである。ガバナンス機構は整っていても業績が伴わなければ、いわば保険を手厚く掛けているにとどまり、株主・投資家の支持は得られないであろう。

企業は、刻々と変化する各市場からの情報やそのリアクションに応じて行動することが求められる。コーポレートガバナンスの整備は、市場からのメッセージが経営陣に的確に伝わり適切な対応を可能にするためのものでもある。フィードバックのメカニズムのなかでコーポレートガバナンスをとらえることが肝要である。

コーポレートガバナンスの問題は、取締役会の構成など、とかくかたちを重視した論議になりがちであるが、企業は変化する環境のなかで刻々と対応していかなければならない。このようなダイナミズムのなかで考えることが不可欠であり、企業の推進力をどう生かすかという視点を忘れてはならない。キャドベリー委員会のメンバーでもあったJ. チャーカムは、「メガトン級のガバナンスも、発明、起業家のスキル、独創性、そしてマネジメントの能力や高潔さの代替にはならないことが遅まきながら認められてきた。」と述べる（Keeping Better Company（2008）p.369）。傾聴に値する指摘であろう。

今井賢一は、資本主義システムに関し、「資本主義が発展し、進化してきたのは、市場において多様な試みが許容され、異なる主体の間の競争が生産諸要素の新結合を生み出してきたからである。多様性こそが進歩の源泉であり、これからの経済システムを考えるうえでのキー・ワードである。」としたうえで、わが国に関する国際的な論調や国内での議論に触れ、「われわれはいつも、どこかに普遍的なシステムがあり、それに均一化しなければならないという脅迫感におびえていなければならないのだろうか。」と述べる（今井賢一『資本主義のシステム間競争』（筑摩書房、1992）p.2）。コーポレートガバナンスの問題についても、時としてこの指摘が当てはまるような論議があるように思われる。たとえば、取締役会に占める独立取締役の比率によって進歩の度合いをみるというような発想がないとはいえない。しかし、コーポレートガバナンスの問題は、他の国と比較して進んでいるとか遅れているとかを評価しうる性格のものではない。わが国では、とかく欧米諸国へのキャッチアップという発想やそこでの仕組みをそのままモデルとしてとらえて移入しようという取組みになりがちであるが、このメンタリティから脱却する必要がある。

チャーカムは、前掲書においての各国（独、日、仏、米、英）の記述に際し、コーポレートガバナンスの説明に入る前に、それぞれの国の社会的・政治的・歴史的背景から分析を始めるという方法をとっている。たとえば、イギリスについては、大陸から離れた島国であり侵略を受けたことがないということ、すなわち孤立・分離（insularity / separateness）を指摘する記述から始まる。イギリスの制度では対立的な（adversarial）アプローチが特色であり、議会、産業、法律そしてスポーツにそのパターンがみられるとする。また、イギリスの不思議な特徴の１つは、政治の世界ではアカウンタビリティ（説明を伴う責任）が重要であるとされるのに対して、経済ではその点がほとんど顧みられないことであり、最近のコーポレートガバナンスの展開は、この不均衡の回復を目指していると述べる。

一方、ドイツについては、もし対立（confrontation）と協働（cooperation）とを両端に置いたスペクトラムがあるのであれば、ドイツは英米よりも後者の協働のほうに寄って位置しているという記述からバックグラウンドについての説明が始まる。日本の章は、日本は他の４カ国とはカルチャーの面で顕著な違いがあり、そのうちのいくつかがコーポレートガバナンスに重要な関係を有しているという書出しから始まる。このように、それぞれの社会の歴史や風土を背景として把握したうえでコーポレートガバナンスの特色を述べており、そのアプローチは示唆に富む。

コーポレートガバナンスのあり方を論ずる場合には、株式会社の仕組みに内在する問題点として国際的に共通するものが少なくないことの認識を深める必要があるとともに、それぞれの社会の運営方法、特に団体運営の実際について洞察力をもって把握することが前提として必要であろう。また、コーポレートガバナンスに限らず、一般に統治（ガバナンス）の問題においては、治められる側の納得性が重要であること、この点についても国・社会において差異が少なくないことを忘れてはならない。

コーポレートガバナンスは旧くて新しい問題であり、終わることのないテーマである。大事なことは、企業の自主努力が生きる枠組みをつくることであり、企業の推進力を生かすという視点を忘れてはならない。規制のコストは最終的には株主の負担になる場合が多いことを念頭に置き、規制の便益とコストとを対比しつつ、過剰規制にならないように配慮していく必要がある。今後のコーポレートガバナンスについては、これらの着眼点に配慮しながら議論が進められることを期待したい。

■著者略歴■

栗原 脩（くりはら おさむ）

1968年 東京大学法学部卒業

同 年 株式会社日本興業銀行入行

同行 取締役証券部長、興銀証券株式会社 常務取締役などを経て

2003年10月 弁護士登録

このほか明治大学法科大学院 特任教授、信州大学法科大学院 非常勤講師（いずれも現任）などを務める

KINZAIバリュー叢書

コーポレートガバナンス入門

平成24年10月29日 第1刷発行

著　者　栗原　脩
発行者　倉田　勲
印刷所　株式会社日本制作センター

〒160-8520 東京都新宿区南元町19
発行所 **一般社団法人 金融財政事情研究会**
編集部 TEL 03(3355)2251 FAX 03(3357)7416
販売 **株式会社きんざい**
販売受付 TEL 03(3358)2891 FAX 03(3358)0037
URL http://www.kinzai.jp/

ISBN978-4-322-12164-3